莫干山丛书

零壹财经·零壹智库 CIDA 数字资产研究院 Chinese Institute of Digital Assets 联合出品

数字货币极简读本

理想与现实之间

零壹财经·零壹智库 著
柏亮 主编

人民东方出版传媒
東方出版社

编 委 会

贷币的形态和内涵一直处于发展过程中，我们今天对货币的认知永远不会是终局认知。数字货币就是货币形态和内涵发展的现在进行时。它必将对商业文明、价值创造、财富管理产生重大影响。人人都应该了解数字货币，因为它必将与您息息相关。

肖风　万向区块链董事长兼CEO

当前，区块链可谓是万众瞩目的“后浪”，许多人预言这是下一代价值互联网的基石，而数字货币则是区块链技术王冠上最耀眼的明珠。如果以比特币白皮书发布为创世元年，数字货币也才十岁出头的年纪，但过去十年里发生的事件、技术的演进可以说是一场精彩纷呈的大戏。这本书既是历史的冷静见证者，也是未来的理性说书人。

长铗　巴比特创始人

数字货币将重塑未来数字经济生态，但学习数字货币相关知识是有难度的，其难度不在于“搞不懂”，而在于“搞不对”。大量以讹传讹、道听途说、甚至以其昏昏使人昭昭的信息，容易让初学者“跑偏”。本书的可贵之处，不仅是“极简”，更重要的是“居正”，有助于读者第一时间建立正确的认识框架。这对于未来的探索和应用，是最重要的第一步。

孟岩　通证思维创始人

我们为什么需要数字加密货币？从比特币到以太坊，再到将来的中国国家数字货币 DC/EP。他们如何产生、发行、转让？他们的合规和陷阱在哪里？国家的政策和方针如何？你需要一本这样的小册子走向未来。

张洪为　开源链创始人

要了解数字经济，首先要了解作为数字经济价值尺度的数字货币。本书以深入浅出的方式对数字货币的起源、发展、对当今的变革和对未来的影响做了一个全面的解读，让我们真正理解数字化的真谛，追上时代的步伐。这是一本不容错过的好书。

邹均　运通链达总经理

目 录

“莫干山丛书”总序

1984年，中国经济改革进入全方位经济制度转型的关键时期。这年9月，在浙江省德清县莫干山召开了“全国中青年经济科学工作者学术讨论会”（史称莫干山会议）。这次会议的主体，是来自全国的中青年经济科学工作者，他们意气风发，思想解放，面对当时改革与开放的重大问题，在深入思考的基础上争论，最终为相关决策提出具有价值的理论依据、思路和方法。在那个年代，关于经济改革方面的学术或者理论研讨会不知多少，绝大多数已经消失在历史的长河之中。而“全国中青年经济科学工作者学术讨论会”，却随着历史的推移，被不断地再认识、再评价。莫干山会议已经逐渐成为那个时代和那代人的一种象征和符号。

值得庆幸的是，28年之后的2012年，在国家发展和改革委员会国际合作中心的推动下，重启莫干山会议（现称“新莫干山会议”），持续至今，并且搭建起了“北京中青年改革与创新论坛”。自2018年开始，“新莫干山会议”形成了春季论坛和秋季论坛模式，春季论坛以北京为主，秋季论坛以浙江德清县为主。

从1984年的莫干山会议到2012年的“新莫干山会议”，所传承的是人们所说的“莫干山精神”。那么，何谓“莫干山精神”？归纳起来，包括“家国情怀”、“责任担当”、“问题导向”、“不拘一格”和“科学态度”。与“莫干山精神”不可分割的还有那个特定时代的“理想主义”，一种对改革开放过程与结果的期望、执着与奉献。

1984年，莫干山会议的参会者平均年龄为34岁，如今，35年过后，他们步入60岁、70岁，甚至已有多位“逝者”。但是，更多的“70后”“80后”，甚至“90后”参加“新莫干山会议”，继承莫干山会议的历史遗产，突破莫干山会议的历史局限性，并注入以“创新”为核心的新元素，他们正在成长为“莫干山精神”的新生代。

2018年，值中国改革开放40周年之际，由莫干山研究院牵头组织、出版和发行“莫干山丛书”成为新老“莫干山人”的一种共识。“莫干山丛书”的宗旨：针对21世纪即将进入第三个十年、人类生存与发展的环境正在加速变化和日益复杂的历史大格局，立足中国国情，探讨影响构建人类命运共同体的历史经验、思想成果，以及来自经济、技术、社会、文化的跨界性重要课题。

“莫干山丛书”的主要构成：（1）历史板块，涉及中国经济改革开放以来的历史事件、人物及其理论研究；（2）现实板块，涉及中国现实经济、政治、社会和科学技术的重大课题；（3）科学技术板块，涉及科学技术进步与人类社会发展的关系等，例如，“大数据”“人工智能”“区块链”的开发与应用；（4）国际关系板块，涉及世界主要国家经济社会转型的比较研究及“地缘政治”新形态等；（5）文化艺术板块，涉及当代文化艺术和大众传媒的发展及其趋势分析。

一般来说，丛书是指具有特定宗旨并冠之以一个“总名”，结集若干作者撰写的一系列著作的一种“集群式图书”体例。其形式可分为综合型、专门型两大类。“莫干山丛书”属于综合型丛书，其特色包括：（1）开放性和持续性；（2）思想的独创性和方法的跨学科性；（3）主题的多元性及作品的多样性，实现传统图书与电子书、有声书等多种形式的结合；（4）知识性与可读性，推动作者、读者、出版、媒体与教育之间的互动与分享。

“莫干山丛书”的主要读者对象为大学本科生、研究生，以及相关学术工作者、科技人员和大众读者。

2019年，是“五四运动”100周年，是中华人民共和国成立70周年，改革开放进入第五个十年，也是莫干山会议召开35周年，“莫干山丛书”选择这个历史时点推出第一套，希望能对中国与世界的发展与进步有所贡献。

莫干山研究院

2019年8月

朱嘉明序：

认知数字货币的理想元素

货币史是人类文明史的重要部分，所以，数千年总是有的。但是，当下人们谈论最多的数字货币，其历史却短之又短，充其量不过十年有余。但是，在这十年间，“‘信仰’‘质疑’‘暴涨’‘暴跌’‘暗网’‘盗币’‘监管’‘分叉’……这些词汇始终萦绕在比特币和数字货币世界的上空”。人们常常习惯于“望文生义”的思维方式，简单地以为，数字货币说到底还是货币，不会与传统货币有根本的不同。事实上，作为数字货币的“此货币”绝对不是作为传统货币的“彼货币”。数字货币的产生是货币史上的大事，其意义很可能远远超过金属货币和纸币的诞生，也让金本位制度和信用货币制度的历史地位“黯然失色”。

所以，梳理数字货币历史，为其“树碑立传”是非常必要的。零壹财经·零壹智库撰写的《数字货币极简读本：理想与现实之间》很及时。这本书“理想与现实之间”的副标题，直接指向数字货币在历史十字路口的境地，发人深思。

1. 数字货币起源于密码朋克精神。数字货币并非是传统货币演变的必然结果，需要溯本求源到密码朋克。密码朋克与20世纪的整个朋克运动存在深层的精神传承，那就是挑战西方社会的主流文化、思想和秩序，寻求变革。本书认为，密码朋克登上历史舞台的标志性事件是1993年《密码朋克宣言》的发表，它提出了“在这个宣扬自由的世界里，你早已经不再自由”的论断。这批密码朋克在深入研究密码学和开发密码技术、保障个人自由和隐私的同时，开始设计和开发基于加密技术的数字货币。大卫·查姆（David Chaum）是代表人物，他不仅具有密码学的造诣，而且于1989年创立了DigiCash公司，专门从事数字货币和支付系统研发。DigiCash开发了eCash数字货币体系，虽然最终没有成功，但确实是先驱。之后是：道格拉斯·杰克逊（Douglas Jackson）1996年创造了第一代数字黄金货币E-Gold；戴维（Wei Dai）于1998年发表B-Money白皮书，开启了“数字加密货币”先河；尼克·萨博(Nick Szabo)于2005年提出数字货币BitGold（比特金）。“从大卫的eCash到戴维的B-Money,再到萨博的BitGlod，一代代密码朋克在加密数字货币领域的不断探索和跋涉，为比特币的诞生积累了丰富的实践经验。”

2. 2008年金融危机和比特币革命。“2008年11月1日凌晨2点10分，一个名叫中本聪的密码朋克轻点鼠标，在一个秘密讨论群‘密码学邮件组’里发布了一封帖子：‘我正在开发一种新的电子货币系统，采用完全点对点的形式，且无须受信第三方的介入’，帖子还附上了一篇 9 页长的论文——‘Bitcoin: A Peer-to-Peer Electronic Cash System’（《比特币：一种点对点的电子现金系统》）。”比特币由此诞生。本书引用了中本聪这样的一段话：“传统货币的根本问题，正是来源于维持它运转所需要的东西——信任。人们必须要相信中央银行不会有意劣化货币，可是法币的历史却充满了对这种信任的背叛。我们相信银行，银行持有并电子化地转移了我们的钱，可是银行却在部分保证金制度之下，通过一浪接一浪的信用泡沫将货币抛撒出。”这段话揭示了密码朋克对传统银行中心化体系和信用货币制度的失望，比特币与这样的失望关系，以及比特币背后的理想主义成分。所以，这篇论文“后来被奉为比特币信仰者的《圣经》、无政府主义者的信仰基石和开发者的《汉谟拉比法典》”。任何人都无法否认以区块链技术支持的比特币的诞生拉开了一个以数字货币为显著特征的新时代和新世界的序幕。

3. 数字货币具有自我繁衍、发育和进化的能力。自比特币诞生以来，各种加密数字货币如雨后春笋般地繁衍与发育。截至 2020 年 2 月 3 日，在世界范围内进入交易状态的数字货币就有 5089 种之多。当然，在数千种数字货币中，就价值比重而言，比特币始终处于绝对优势。本书在对比特币做了系统介绍之外，还清晰地介绍了瑞波币、以太币、莱特币、恒星币、门罗币，特别是稳定币的龙头 USDT。其中的恒星币被本书称为“有情怀的数字货币”：该币由恒星基金会管理运营，该基金会是以环保、慈善、惠普金融为核心理念，致力于拯救贫困线下 10% 人口的非营利组织。在这样的理念下，恒星币将“总量的 50% 直接分发给全世界用户，25% 通过增加覆盖计划分配给非营利组织以给予金融服务匮乏的人群，20% 通过比特币计划分配，5% 留作项目运营费用，也就是说，95% 的恒星币都将免费送给用户”。至于稳定币，是数字货币自我进化的结果。自比特币和其他数字货币问世之后，被批评最多的就是它们市场交易的价格剧烈波动，导致投机盛行，而无法成为普遍的支付工具，于是产生了基于法币储备抵押模式、数字资产抵押模式和算法央行模式的稳定币。2014 年推出的 USDT 属于第一种模式的稳定币。如今已经出现成百上千种稳定币。

4. Libra 宣示的理想主义的冲击。2019 年 6 月 18 日，Facebook 发布 Libra 白皮书。“Libra 是由 Facebook 主导发行的、以区块链技术为基础的、由专门协会管理的数字货币。Libra 的使命是建立一套简单的、无国界的货币，是服务于数十亿人的金融基础设施。”在后来的几个月中，Libra 对世界货币体系，对各国金融监管部门，以及对于企业界、经济学界，甚至广大民众产生了难以想象的冲击。这种现象是罕见的，因为这种冲击不是来自已经落地的真实货币，而不过是来自 Libra 的构想。如何解释这种现象？Libra 的冲击与其说来自Facebook所拥有的20多亿用户、来自其核心技术或者新技术框架的设计，不如说来自其白皮书所宣示的理念："我们的世界真正需要一套可靠的数字货币和金融基础设施，两者结合起来必须能兑现'货币互联网'的承诺。"现在，无法肯定Libra是否可以按照原定的时间表问世，可否成功发行，但是，Libra毕竟展现了在全球范围内解决货币金融资源分配严重失衡，赋予了世界数亿没有银行账户的民众金融手段，最终实现"普惠金融"的可能性和解决方案。这样的意义是不可低估的。

5. 法定数字货币包含着颠覆传统货币的基因。什么是法定数字货币？"法定数字货币也称为央行数字货币，是由一国中央银行根据政府法令以数字化形式发行的电子货币。"2019年1月，国际清算银行发布了一项关于数字货币研究现状的调查报告。调查显示，在63家接受调查的央行中，有70%的央行正在对法定数字货币的发行开展研究工作。大多数国家对法定数字货币形成诸多共识，最重要的是法定数字货币需要中心化组织架构，通过使用法定数字货币提高交易的效率，降低货币的发行、流通和管理成本。中国是最早进行法定数字货币研发的国家之一。截至2019年9月，中国人民银行数字货币研究所申请了与数字货币相关的发行、流通、管理等相关的80余项专利，"是央行数字货币研究领域名副其实的主力"。需要强调的是，即使是法定数字货币，基于区块链技术，本质上依然属于广义数字货币范畴，这就意味着该货币具有颠覆传统货币的“基因”。伴随从微观经济到宏观经济的“数字化”，法定数字货币与非法定数字货币的相互影响，现存的货币金融体系势必发生结构性变革。

6. 数字货币改变了财富存量和流量的传统模式。从2016年至2017年，发源于以太坊的智能合约融资，引发了ICO（Initial Coin Offering，首次代币发行）的风潮。但是，“据咨询公司Satis Group调查显示，2017年的ICO项目中有80%是彻头彻尾的骗局”，很多被误导的民众付出了巨大代价。结果是ICO遭到各国政府的打击，中国尤甚。毫无疑问，ICO的教训是深刻的。但是，在痛定思痛之后，不得不思考一个问题，自从货币发行权集中到央行之后，央行决定货币发行数量和货币利息，进而影响货币市场和资本市场，最终形成以法币作为衡量标准的财富模式，是不是需要改变？答案应该是肯定的。问题是如何改变？对此，尚没有共识和答案。但是，数字货币、非主权货币，特别是各种类型的通证的涌现，很可能是改变的开始，民众不仅是物质财富的创造者和分享者，而且应该是货币金融财富的创造者和分享者。

2020年已经到来了，但是，人们对货币的认知，仍然局限于20世纪关于货币的记忆与教化，诸如“金本位和复本位”、“金本位瓦解”、布雷顿森林货币体系、法币、信用货币、石油美元以及欧元。但是，处于主流地位的金融机构和经济学家尚未将数字货币置于应有的地位，甚至坚持认为加密数字货币不是货币。但是，这样的情况正在结束。关于数字货币的更多的故事还在后面。一方面，人们关于数字货币“横看成岭侧成峰，远近高低各不同”的不同认知还会长期存在；另一方面，因为比特币和数字货币的成长和演进，整个数字货币生态的形成，将改变货币史，甚至整个经济史的原本轨迹，民众开始有越来越多的话语权，推动全球货币金融秩序的变革，并成为变革的受益者。

唐代刘禹锡留下最著名的文字是：“山不在高，有仙则名。水不在深，有龙则灵。斯是陋室，惟吾德馨。”其实本书也是如此。《数字货币极简读本：理想与现实之间》的作者都是年轻人，篇幅和字数有限，但是开卷有益，因为数字货币对未来的影响怎样估计都不会过高。

2020年2月4日

于北京

柏亮序：

我们的数字货币

这并不是写给未来的信，而是当下，我们必须做的功课。因为我们很快就会用上全新的数字货币。

2020 年 2 月中旬，国际清算银行公布了一项调查结果：大多数新兴市场经济体正在发展央行数字货币；在 66 个国家（覆盖 75% 的全球人口和 90% 的经济产出）的中央银行中，有 10% 将在未来三年内发行央行数字货币，受众群体占世界总人口的 20%，即 16 亿人。

中国是在央行数字货币方面进度最快的主要经济体。而美联储曾经表示没有必要发行数字货币，不过进入 2020 年后态度有了变化，已开始研究发行数字货币的可行性。

中国用户可能在 2020 年就能用上央行数字货币。2019 年，央行官员称“呼之欲出”，并在知识服务平台上开课科普，媒体报道称深圳等地已经被选为数字货币试点区域。央行官方也在2020年年初宣告，数字货币的技术准备已经就绪。3月初，国家发改委数字经济新型基础设施课题研究第九次会议上，十余位专家学者认为，央行数字货币可能会加快推出。

不过，说到数字货币的时候，人们可能并不只是想到，甚至很多人并不是首先想到央行数字货币，而是关注到以比特币为代表的民间数字货币。自比特币2009年问世以来，各种基于分布式账本或区块链技术的数字货币纷纷冒出来，形成了一个市场门类，并逐步发展出期货等衍生品。以太坊创造了ICO体系，进而衍生出STO、IEO等，形成了Token市场。过去几年，这两类市场相互交织，创新与诈骗同在，价值与泡沫齐飞，种类繁多，但总规模并不大；各国对这类市场也采取了比较严格的监管，其中部分国家和地区在严监管中留出了规范发展的窗口。

各类商业机构在数字货币体系里发现了新工具，甚至是新大陆。比如金融机构摩根大通、互联网公司脸书（Facebook）、零售连锁沃尔玛，都发布了自己的数字货币计划。其中脸书联合20多家机构组成协会，计划以联盟链的形式发行基于法币资产储备的Libra，引起各国政府和央行的高度关注，进一步推动了全球数字货币潮流。虽然商业领域和商业模式迥异，但是这些机构都有共同的特征：拥有广大的用户和丰富的生态链接。如果Libra成功发行，脸书在全球的 26 亿用户都有机会用上数字货币。

看起来，一切都还在初期，但数字货币已经悄然形成一个体系，或者说一个“货币互联网时代”正在走来。在摩尔定律时代，这个体系的变化速度之快，往往超过预期。当然，这个过程也充满了贪婪、争议、泡沫和争夺。

在数字货币时代混沌初开之际，我们撰写这本书：

第一，对正在发生的事情，整理一个基本的发展框架，让读者有清晰的了解和理解。数字货币将是我们的主要支付工具和财富形式，我们希望为大家提供一份优质的“预习材料”。

第二，在这个鱼龙混杂的时期，我们希望为读者提供一份认知清单，追求新技能和新财富，但也要谨防各类骗局，免做“韭菜”。

第三，为数字货币的发展史，留下一幅简单但清晰的剪影。

第四，为即将迸发的数字货币新时代，做一只布谷鸟。这里并不是春天的全部，但是新的季节正在到来。

我们没有为您描述一个“美好的”未来，只是它必然到来，其中必然有人得、有人失、有美好、有丑陋。希望与您一起，早作准备。

柏亮

零壹财经·零壹智库创始人

数字资产研究院常务副院长

第一章　货币简史

货币是什么？

即便是著名的经济学家和货币学家，也很难对“货币”做出精确的定义。货币的概念过于抽象，以至于日常生活中我们更愿意将其称为“钱”。但今天的“钱”和货币最初的模样相比，早已发生了天翻地覆的变化。

确定的是，货币并非天然存在的，而是源于物品交换的需要。经济学中，习惯将被普遍认可的、可以充当为交易媒介的物品视为货币。

第一节　以物易物：用我的小麦换你的鱼

日中为市，致天下之民，聚天下之货，交易而退，各得其所。

——《易经·系辞下》

从一个故事讲起。公元前一万年左右，雨水充沛，气候适宜，全球人口达到了 100 万。中东地区的纳图夫人发明了种植，人类社会开始由狩猎、采集向农耕文明迈进。

这时，以种植为生的纳图夫人小零在长时间以小麦为食后，开始想念之前狩猎采集时享受过的鲜鱼野味。与此同时，一个仍以打猎为生的小壹最近捕获了很多鲜鱼，短时间完全吃不完，于是他开始希望将这些剩余的鱼换成可以长期储藏的小麦。

一个偶然的机会，小零和小壹相遇了，并且在沟通中得知了对方的需求：自己需要的恰好是对方拥有并且有剩余的，而自己能给出的物品又恰好是对方所需的。于是，一笔交易就可以达成了：小零用自己的小麦换来了鲜鱼，小壹用鲜鱼换到了可以储藏的小麦。这就是最早的交易模式：以物易物。

正如你所看到的，这时候想要完成一笔交易，需要建立在“需求的双重巧合”的基础上，即参与交换的双方恰好拥有对方需要的物品，又恰好需要对方多余的物品，并且待交换的物品在双方眼中价值恰好大致相等。同时，还需要“时间的双重巧合”，即双方的需求要在时间上恰好一致，否则即便有互补的需求也无法完成交易。

需要如此多的“恰好”才能完成交易，使以物易物的交易成本和机会成本难以适应人类快速的发展。

> 交换最早的形式是用不想要的东西直接换取想要的东西。我们称这种最简单的交换为物物交换或以物易物。
>
> ——杰文斯，《货币与交换机制》

第二节　等价商品的出现——自然商品货币雏形

> 如果通过假说和逻辑重新构建历史，那么我们自然会认为物物交换后的时代就是商品货币时代。
>
> ——保罗·萨缪尔森，《经济学》

以物易物的最大困难是每一次交易都要求需求的双重巧合。但实际情况有时候却是，你想用自己的商品交换别人的产品，但别人却不一定需要你的商品。另外，随着生产力的发展，可用于交换的商品种类越来越多，交易达成的难度也呈指数型增加。

如何解决这一难题？智慧的人类开始将某种具体的物品作为特殊商品，以其作为中介去完成交易。人们一般先将自己的物品换成等值的特殊商品，再用特殊商品去购买自己所需的商品。这些特殊商品就形成了早期的商品货币。

大约公元前 3000 年，美索不达米亚地区的苏美尔人用削成尖头的芦苇秆在黏土板上写下了人类最早的文字形式——楔形文字，并发明了目前已知最早的商品货币体系：以定量的大麦作为通用单位，用于衡量和交换其他各类商品和服务。

更有意思的是，19 世纪中叶，学者破译了记录在黏土板上的楔形文字后发现，大多数记录都与商业交易有关，甚至出现了相关衍生品。当时大型债务以楔形文字记录后，盖上借方印章后由债权人密封保存。如果承诺是债务偿还给黏土板的持有者，而不是某个确定的人，则保存该黏土板的人可以将该黏土板出售给其他人，从而实现债权的转移。

这一阶段扮演货币角色的商品一般都是不太容易被大量获取的物品，具有稀缺性，比如美索不达米亚地区的苏美尔人的大麦、我国夏商时期的海贝、古印度的牲畜、美洲的烟草等。

同时，这类货币还有着另一个明显的共同特征：自然性。也就是说，它们都是纯粹的自然产物，没有任何人工施加于其自然属性之上的性质。

这种货币的优势突出，具有明显的实用价值，但缺点同样明显。以大麦为例，虽然大麦的可食用性支撑了其作为货币的内在价值，但它还是更像商品而非货币。一个重要的原因就是它实在是不便于运输。试想一下，现在让你扛着一袋大麦去星巴克换一

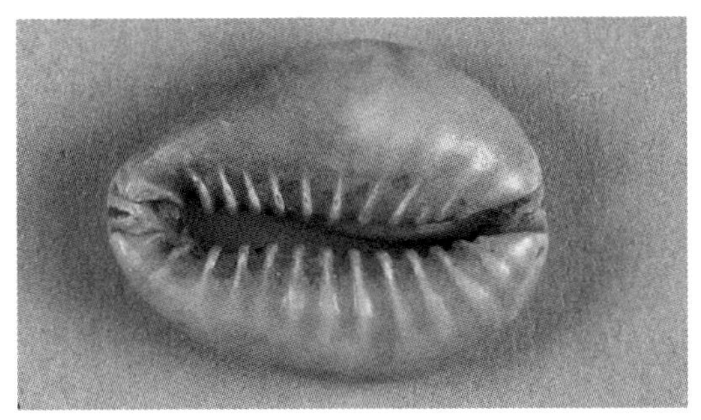

图 1–1　贝币

图片来源：辽宁省博物馆

杯咖啡，你愿意吗？

一种理想的货币，不仅要便于价值交换，还必须方便价值转移和储藏。商品经济的进一步发展，以及交换范围的持续扩大，使自然商品货币易损耗、不易携带、易仿造、质量不均等弊端开始显现，原始的自然商品货币逐步退出货币历史舞台。

第三节　漫长的金属货币时代

金银天然不是货币，但货币天然是金银。

——马克思，《资本论》

自然商品货币逐渐消亡之际，金属也开始进入了人们的视野。金属本身虽不具备内在价值，不能吃也不能穿，但作为货币，金属天然具有稀缺性、易于分割保存、便于携带、不易磨损、价值稳定等特征，相较其他商品具有得天独厚的优势。于是，自然商品货币时代形形色色的货币形态开始向金属货币过渡。

金属货币在数千年的人类文明中扮演着极为重要的角色。最早使用的金属是铁和铜，之后随着冶炼技术的提高，人类发现了更难开采和更稀有的金属——金和银。金属货币也逐渐由铁、铜等一般金属过渡到贵金属，并最终固定在金、银等贵金属上。

早期金属货币是一种称量货币，即按照金属的实际重量来确定价值。

公元前 1700 年，又是在美索不达米亚这片神奇的土地上，汉谟拉比统治下的苏美尔人再次创造了历史。汉谟拉比和他的帝国第一次为银这种金属货币规定了统一的货币单位——谢克尔（最早用于计量农作物重量），并用一定数量的谢克尔来衡量和计算其他事物的价格，包括商品、劳动和法律惩治等。

古巴比伦的法典中有明确的记载：1 谢克尔银相当于 12 塞拉（Sila）的油、600 塞拉的盐、600 塞拉的大麦等；一个月的劳动价值是 1 谢克尔银，租一辆牛车一整天需要花费 1/3 谢克尔银；一个贵族戳瞎一位平民的眼睛需要赔偿 60 谢克尔银，扇别人一巴掌需要赔偿 10 谢克尔银等。

随着人类文明的演进，人类社会的制度形态日益完善，国家开始把持货币的发行铸造，也逐步控制着国家经济的命脉。货币发行也随之成为一种权力，金属货币也在这个过程中从称量货币演变成为铸币。

现在公认最早的铸币出现在公元前 7 世纪的吕底亚王国，由吕底亚国王阿吕亚泰斯（Alyattes of Lydia）创立。这些铸币呈圆形，使用琥珀金制作，铸币两面分别刻有图案和文字，文字记录铸币面值，图案象征着国家背书。后世所有的硬币基本上都是由吕底亚硬币演化而来。

图 1–2　吕底亚金属铸币

图片来源：wikimedia.org

这类铸币相较于此前没有标记的金属货币，优势很明显：第一，由于铸币上有明显标记，所以无须每次交易都进行称重验证；第二，无须担心货币材质，因为铸币一定程度上代表着国家的权力和信用背书。

回过头来看中国，当时中华大地正处于商朝的统治之下，人们开始用铜仿制贝壳充当货币，即铜贝。后来，秦一统天下后，秦始皇下令统一全国货币，规定黄金为上币，单位“镒”（合20两）；铜为下币，单位“半两”。半两钱是秦国的通用货币，后改为方孔圆钱，推行全国。从此，圆形方孔钱一直沿用了两千余年，成为中国货币的主要形式。

图 1–3 半两钱（秦）

注：秦国半两钱，重11克，直径32毫米。

图片来源：中国钱币博物馆

但一直到明朝之前，中国都是“铜本位”国家。明朝时，墨西哥发现大银矿，开采的银通过贸易大量输入中国；到了清朝，中国实际上实行银铜双本位货币。当然，在历史某些时期，中国也使用过纸币，黄金也出现过，但大多数情况黄金都是财富象征，而非货币流通。

第四节　东方点金术——最早的纸币“交子”

〔宋〕初，蜀人以铁钱重，私为券，谓之交子，以便贸易，富民十六户主之。

——《文献通考·钱币二》

元朝时，意大利探险家马可·波罗游历中国，并在游记中记录了中国纸币的使用情况，称之为“东方点金术”。

中国是世界上最早使用纸币的国家，最早可追溯到北宋时期出现在四川地区的“交子”。

交子出现在北宋并不是偶然。宋代的商品经济发展很快，商品流通中需要更多货币，但当时铜钱短缺，根本满足不了商业需求。另外，宋朝虽然集权制度，但全国货币并不统一，存在数个各自为政、互不通用的货币区。

当时四川地区主要使用铁钱，这种货币价值低但重量大，买一匹布需铁钱两万，重量大约是今天的 500 斤。可想而知，在商品经济发达的北宋，这种铁钱根本无法被走南闯北的商人们接受和使用。这也是交子最早出现在四川的主要原因。

交子在商品经济发达的宋朝被广泛用于商人之间的大额交易，加上许多商人联合成立专门发行和兑换交子的交子铺，交子逐渐成了一种新的流通手段。

交子是商品经济催生出来的产物，同时也促进着宋朝商品经济的发展。

由于看到交子的价值，北宋朝廷开始将交子发行的权力收归政府。1023 年，宋仁宗设置益州交子务，由政府官员主持交子发行，并严格控制其印制过程。“官交子”的出现开始显现出一些后世信用货币的影子：毕竟在一张薄薄的纸上，仅用几行文字就能将其等价于数千两白银的价值，所依赖的只能是背后发行这种货币的政府信用。

但由于北宋末年政治黑暗，执政者贪婪奢侈，再加上频繁的战争，宋朝政府不断滥发纸币：1102 年，宋朝增印交子 200 万贯，而此前交子的发行限额是 188 万贯；1107 年北宋增印交子达 2694 万贯。交子发行量远远大于市场实际流通量，恶性通货膨胀逐渐形成。

同时，北宋朝廷随意更改货币政策，造成金融混乱。1107 年，宋徽宗宣布此前发行的 41 至 43 界（3 年为一界）交子全部作废，数量高达 6000 万贯，数以万计的商家和民众因此蒙受损失。交子成了朝廷掠夺人民财富的工具，人们对交子的信任度也逐渐被耗尽。

1258 年，元军占领四川大部分地区，交子完全丧失信用货币的作用，变得一文不值。经历 200 余年后，交子最终退出历史舞台。

虽然交子在中国未能延续，但中国最早由政府发行纸币的时间，还是比美国（1692 年）、法国（1716 年）等西方国家要早六七百年。

图 1–4　中统元宝交钞

注："中统元宝交钞"是中国现存的最早由官方正式印刷发行的纸币实物（宋代官方纸币至今无实物）。刻版印制时间为元代中统元年（1260 年）的忽必烈时代。这种纸币已与现代的钞票别无二致。"中统元宝交钞"为树皮纸印造，钞纸长 16.4 厘米，宽 9.4 厘米，正面上下方及背面上方均盖有红色官印。

图片来源：中国钱币博物馆

第五节　信用货币：你手中的钱为何值钱

信用本身就是货币。信用而非金银是所有人都在追求的一种财产，对它的获得也是所有商业追求的目标和对象。

——米切尔·英尼斯，《什么是货币》

人类对黄金的征服和欲望从未停歇。帝国更迭、技术升级，哪怕曾经一起“战斗”的白银、铜钱淡出货币舞台，黄金也始终稳定地站在货币金字塔的顶端。

“葡萄牙人在非洲海岸、印度和整个远东寻找的是黄金；‘黄金’一词是驱使西班牙人横渡大西洋到美洲去的咒语；黄金是白人刚踏上一个新发现的海岸时所要的第一件东西。”恩格斯曾经如此评价那个辉煌的大航海时代。

时间的大浪淘沙，让黄金的价值一次次被证实，最终成为所有人心中心照不宣的硬通货。

著名科学家牛顿晚年在英国铸币厂任厂长期间，曾不遗余力地要求英国内阁对黄金进行统一定价。1717 年，英国议会正式通过决议，将黄金价格定为每盎司 3 英镑 17 先令 10 便士。1817 年，英国通过立法确认了金本位制度，此后其他国家纷纷效仿英国的做法，到 19 世纪中后期，金本位制已经在世界范围内被普遍采用，黄金成了真正意义上的第一种世界货币。

图 1–5　黄金——真正意义上的第一种世界货币

图片来源：publicdomainpictures.net

但黄金储量毕竟有限，有限的黄金逐渐难以满足日益增加的商品流通需求。尤其在第一次世界大战期间，各参战国都将大量的黄金用于军费，并发行不承诺兑现为黄金的银行券，同时禁止黄金的自由流动，金本位制逐渐崩溃。

早已看透了货币玩法的美国，在第二次世界大战后的国际货币体系建立中，一手主导了“布雷顿森林货币体系”。该体系将美元与黄金挂钩，确定每盎司黄金等于 35 美元，并承诺美元对黄金的“无限法偿”（即各国政府可以将自己持有的美元按官价向美国兑换成黄金），从而赢得了各国对美元的信任，使美元成了新一代全球货币。

图 1-6　美元——新一代全球货币

图片来源：Pixabay

第二次世界大战后美国黄金储量价值大约 273 亿美元，但实际上，美国发行的美元远远超过了这个数字。美国，用有限的黄金储量撬动了一个时代的金融杠杆。

经济环境如果一直稳定，或许大家都相安无事。但战后和平并未持续多久，美国就深陷越南战争的泥潭，海外军费的激增加上两次石油危机的影响，使美国财政赤字巨大，通货膨胀问题日益严重，从而导致多次美元危机的出现。各国纷纷抛售美元，抢购黄金，使美国的黄金储备急剧下降，美元对黄金的“无限法偿”再也无法维持。

图 1–7　1971 年美国总统尼克松宣布美元与黄金脱钩

图片来源：Graynoteprods.com

撑不住的美国，不得不在 1971 年正式宣布停止美元兑换黄金。之后兴起的浮动汇率制度更是让布雷顿森林体系进一步瓦解。美元和黄金之间的最后一缕联系被切断后，各国相继从与黄金挂钩的金属本位制转化为不兑现的信用货币体系。

今天，无论我们钱包里的纸币、硬币还是我们支付宝、微信钱包里的那一串数字，都是信用货币体系中的一种。

或许你也曾有过这种疑问：就这样的一张纸或者一串数字，为什么就能成为货币？回顾人类创造货币的历程，不难发现我们对“钱”的认知在不停变化。从贝壳、大麦、黄金到纸币，货币的形式从未固定，它的价值也不在于它本身值多少，而是由使用它的人所赋予。

说到底，货币体系就是一个信用体系。现在，人们信任口袋里的钱，不是因为那张纸币多漂亮，只因为其背后的信用背书。这里的信用，不是发行机构（如央行）的信用，也不是政府或财政的信用，而是以整个国家财富作为支撑的信用。

但是，纸币的制作成本相较于纸币本身所代表的价值是不匹配的，所以信用货币可能会出现超发现象。俗话说，“出来混总是要还的”。政府超发的货币实际上是透支国民创造的价值，也是挥霍自身的信任。一旦哪天不再有足够的偿还能力，政府就会逐渐失去民众的信任，到最后纸币可能就会成为一张废纸。这种例子即便如今也不少见，津巴布韦由于国家信用崩溃，引发了可怕的通货膨胀，法定货币急速贬值，政府甚至直接推出 100 万亿面值的纸币，但也无法挽回国内经济。委内瑞拉亦是如此。

图 1–8　2008 年津巴布韦超级通货膨胀时期发行的最大面额 100 万亿纸币

图片来源：wikimedia.org

信用货币是历史选择的产物，但它并不完美。它克服了金本位制下货币供应缺乏弹性的致命缺陷，使货币当局在应对经济危机等困局时有了更大的发挥空间，但正如上文所言，信用货币使货币发行摆脱了传统束缚。对于任何一个国家来说，印钞是一件几乎无本的生意，所以出现超发失控的现象也就不足为奇。

货币超发所带来的通货膨胀，是对国民财富的洗劫。比如，整个国家原本发行了 1 万元，而你手中有 1000 元，这些钱本可以买 500 斤大米。但国家又凭空发行了 1 万元，而大米的数量不会凭空增加。这时你手中还是 1000 元，但这 1000 元和之前的 1000 元却不是相同的概念，你现在的钱可能只够你买 250 斤大米。这其实就是在变相地稀释民众的财富。

如果这种超发的货币成为国际货币，问题会更加严重。时至今日，虽然美元的地位遭到了诸多挑战，但谁也无法否认美元在某种程度上仍是“世界货币”。这种情况下，如果美国购买了中国 10 亿美元的产品，可以直接印制美元给中国，就等于几乎无成本地获得了中国的资源。当然，事实上不会这么简单，但美国通过“美元霸权”获取他国利益，已成为重要的国际问题。

第二章　从密码朋克到比特币

互联网将解放我们，还是将奴役所有人？

——维基解密创始人、密码朋克阿桑奇

信用货币体系自身存在的问题随着一次次经济危机的爆发，开始引起很多人的反思。

随着计算机和互联网技术的发展，货币早已逐渐摆脱了具象化的形式，走向“去实体化”。如今每个人都会使用的银行卡或信用卡，就是货币电子化、去实体化的典型代表。这些卡片本身不算货币，真正的货币是储存在卡片里的数字。就如同金本位制时期的美元对应着美元存储，银行卡也对应着存在银行里的法币。

随着银行卡、信用卡等日益盛行，电子货币已经在不知不觉间占据了主流，成为我们日常生活中的大部分，甚至我们有时候都不再会将电子货币与纸币联系起来，而是自然而然地将其视为一种纯粹数字化的货币形态。

互联网兴起后，信息传递的速度和效率超出了所有人的预期，货币形态也发生了巨大变革。但同时，互联网让每一个人的几乎所有信息都暴露在了政府和机构的重重监控之下，我们早已在不知不觉间成了一个个“透明人”。

1993 年 6 月的一天，一群神秘人发表了一篇脑洞大开的《密码朋克宣言》，表达了他们对于互联网时代隐私保护的担忧，并宣称“在这个宣扬自由的世界里，你早已经不再自由”。这群神秘的密码朋克[①]就这样完成了首秀。

图 2–1　1993 年《连线》杂志封面文章“Crypto Rebels (密码叛逆者)”

注：1993 年史蒂文·列维在《连线》杂志上发表的一篇题为《密码叛逆者》的文章开启了关于密码朋克的首次大众媒体讨论。这期《连线》杂志封面上的三个蒙面人是著名的密码朋克蒂姆·梅（Tim May）、埃里克·休斯（Eric Hughes）和约翰·吉尔摩（John Gilmore）。

图片来源：boingboing.net

---

① 1992 年，Intel 高级科学家和电子工程师蒂姆·梅（Tim May）创建密码朋克邮件名单，随后 1993 年由埃里克·休斯（Eric Hughes）正式提出密码朋克的概念。

同一年，另一件关于密码学的大事也发生了：布鲁斯·施奈尔（Bruce Schneier）出版了《应用密码学》，并在全球范围内发行。

当时美国规定，密码学代码只能存储在磁盘上或者以电子形式存在，不允许出口。而《应用密码学》的出版使得美国之外很多国家的密码研究者和爱好者第一次真正接触到商业军用级别的密码学代码，极大地促进了密码学的传播。

如果没有这本书的发行，可能后来的很多故事都不会发生。或多或少受这本书的影响，不少密码学爱好者后来都成了密码朋克的一员。

这群密码朋克中很多是无政府主义者和自由主义者，其中包括维基解密联合创始人朱利安·阿桑奇（Julian Assange）、Facebook 创始人兼总裁肖恩·帕克（Sean Parker）、BT（BitTorrent）创始人布拉姆·科恩（Bram Cohen）等。当然，后来创造了比特币系统的中本聪（Satoshi Nakamoto）也是其中之一。

这些人坚信，使用强密码技术，可以保障个人自由和隐私，让其免受资本和政治等外在力量的攻击。

为了摆脱中心化机构控制，保护个人隐私，密码朋克致力于构建一个网络世界中的乌托邦：一个存在于任何国家种族之外，不受任何权力机构制约，每个人都可以通过加密技术隐藏身份，言论自由、财富自由的世界。

为了实现这样的设想，密码朋克们开始疯狂讨论密码学技术以及匿名数字货币在个人隐私保护领域的使用与改善。在这个过程中，不断有人设计出各种数字货币系统，并推出创新的加密技术。

可能当时谁也不会想到，这一切的尝试，最终会在 2008 年结出硕果——比特币，并且衍生组合出一种全新的技术体系——区块链。当然，这是后话。

第一节　密码朋克先驱 David Chaum 和他的 eCash

大卫·查姆（David Chaum）在密码学界的地位很高，是公认的数字现金发明者，也是密码朋克运动的重要先驱之一。他不仅创造了 eCash 数字货币体系，还提出了包括盲签名、隐私技术等密码学核心创新。

他从伯克利大学的研究生生涯开始一直钻研的密码学技术，可以用一个词概括：不可追踪。他所有研究成果中名气最大的“盲签名”，就是一种“不可追踪”的数字签名技术。

图 2–2　大卫 · 查姆（David Chaum）

图片来源：Sportsfile, Harry Murphy 摄

一般的签名，签名者对自己发出的签名，必须可知且可记。但是，如果把签名看作是电子现金的话，就涉及匿名性的问题。实际使用钞票的时候，钞票上有没有写你的名字？当然没有。用户很多时候也不希望银行通过追踪自己发出签名来获得自己的消费情况。

盲签名以前的数字签名，大都采用 RSA 之类的算法技术，对数字文件进行运算，获得一个数字消息，即签名，用来证明该数字文件，确实无误地来自某人。这与传统用笔签名以示确认的形式并无不同。

而盲签名技术能让签名者看不到被签名的数字文件。用更直白的例子来说，盲签名就是先将隐蔽的文件放进信封里，并且当文件在信封中的时候，任何人不能读它。然后对文件签名就是通过在信封里放一张复写纸，签名者在信封上签名时，他的签名便透过复写纸签到文件上。使用这个文件的人，拆开信封就可取得签了名的文件。

这种盲签名技术在 1982 年由大卫首次提出，并成为其 1993 年创造 eCash 系统的关键所在。这是一个真正意义上允许匿名且安全的数字货币交易系统。

eCash 通过盲签名等加密技术在计算机网络上实现了电子货币的匿名性和防追溯性。出于对 eCash 的自信，大卫在 1989 年创立了一家注定要在科技史上留名的公司——DigiCash，专门从事数字货币和支付系统研发。

在之后的几年时间里，eCash 陆续接到一些知名企业的合作邀请，比如德意志银行、马克·吐温银行等，但大卫也拒绝了很多有前景的合作：曾一度与荷兰国际银行和荷兰银行接近达成数千万美元的合作协议，Visa 也曾被曝有意投资该公司 4000 万美元，甚至微软的比尔·盖茨也曾想将 eCash 集成到 Windows95 中，并愿意投资 DigiCash 高达 1 亿美元。但最终因为种种原因，这些合作都未成功。

最终在 1998 年，DigiCash 宣布倒闭，eCash 也走向落幕。

但 eCash 实现了数字货币的不可追踪性，用 RSA 算法让数字货币成功在网络上交易，给了数字货币以生命。哪怕到今天，我们仍能从比特币身上看到很多 eCash 系统的影子。

第二节　一个医学家的梦想：E-Gold

道格拉斯·杰克逊（Douglas Jackson）是一个著名的肿瘤学家，但在他的心里，却始终有一个梦想：创造一种不受政府控制的数字货币。于是，他开始自学编程，最终在 1996 年创造了第一代的数字黄金货币：E-Gold。

图 2-3　E-Gold 创始人 Douglas Jackson

图片来源：《连线》杂志

E-Gold 通过与黄金挂钩实现价值稳定。也就是说，用户的数字账户里有多少 E-Gold，发行公司的仓库里都会储备等额的真实黄金，以保证 E-Gold 与黄金数量始终相等。

这种通过锚定黄金发行货币的方式，在布雷顿森林体系中美元的身上就已经得到了验证。而今天很多稳定币的发行，也都是通过锚定其他资产（如美元、黄金等）来实现。

E-Gold 这种与黄金挂钩的发行方式，与那些企图直接替代法币系统的加密货币相比，更容易得到用户的信任和支持。另外，E-Gold 不需要通过传统信用卡、银行账户等烦琐流程，更加便捷与安全。

之后的 10 年里，E-Gold 得到了迅速的增长：2009 年已经在 165 个国家拥有 500 多万个账户，在支付领域仅次于 PayPal，雅虎、亚马逊等巨头公司都开通了 E-Gold 支付交易方式，由此可见其当年的影响力。

可惜的是，由于涉嫌为东欧黑客洗钱提供犯罪基础，再加上频繁被黑客袭击，2009 年 E-Gold 因政府压力宣布破产。

第三节　数学怪物戴维和他的 B-Money

戴维（Wei Dai）在 9 岁时被父亲戴习为[①]带到美国学习。从小被同学视为“数学怪物”，高中时期就获得了提前就读哈佛的资格。

1995 年，大学一年级的戴维关注到了密码朋克运动并深深为之着迷，他利用业余时间创建了一个开源代码库，维护至今。

他们独来独往，又群而乐之，像金庸笔下游侠的童话世界。而他们作为一个群体，对欧美 IT 业的影响，已初见端倪。

——戴习为在自传《过河卒》中评价密码朋克

戴维被《纽约时报》形容为一个“非常注重隐私的计算机工程师”。他非常着迷密码朋克发起人 Tim May 的加密学无政府主义。他在 1998 年写道：“和其他传统上与‘无政府主义’相关的组织不同，在加密学无政府主义中，政府并不是被暂时摧毁，而是被永远地禁止，而且永远也不需要政府。在这个社区中暴力并没有用，根本就不存在暴力，因为这个社区的成员并不知道彼此的真名或者真实地址。”

---

① 戴习为曾是微软最高级别的华人工程师。

戴维从不透露自己的私人生活，但他却为密码朋克运动贡献了大量的工作和创意。他撰写了一系列提案推动密码朋克运动，包括受信任的时间戳、加密 TCP 隧道功能、安全文档传输系统等。

这使得戴维在密码朋克中声名大噪，而真正让他在加密社区家喻户晓的是他在 1998 年 11 月发布的 B-Money 白皮书，“数字加密货币”的概念由此诞生。当时，他刚从大学毕业。

图 2-4　B-Money 创始人 Wei Dai

图片来源：steemkr.com

在 B-Money 之前，不论是中央银行、商业银行、Visa 或者其他电子支付服务商，都需要使用中心化账簿追踪账户余额，并确定这些钱的归属。在戴维看来，这种方式侵害了用户的自由与隐私，政府等中心化机构能控制金钱的流动，并能监控用户身份。

于是，戴维提出了 B-Money 提案，并推出了两种维护交易数据的方法。

第一种解决方案

账簿不再由一个中心机构管理，而是所有的参与者都拥有一份账簿副本。每当一笔新交易产生，每个人都同步更新他们手里的账簿。这种去中心化的手段将使得没有任何人能够阻止交易，同时也保证所有用户的隐私安全。

这种方法与日后比特币采用的分布式账本技术类似，但戴维当时认为这种方法需要很严苛的即时同步、防干扰的匿名广播通道，难以真正应用到实践中。

第二种解决方案

所有记录都由特定用户组保存。这种方案中，对记录数据进行监管的用户组表现诚实的话，就会获得激励。为此，他们需要把自己的钱存入一个特殊账户中，如果他们表现不诚实，就会损失这笔钱。

这种方法被称为“权益证明”（Proof of Stake，PoS）机制，用户特定组（或主节点）如果试图处理任何欺诈性交易，那么将会失去自己所有的资金。日后很多的加密货币系统采用的都是类似的 PoS 共识机制。

去中心化的结算架构、匿名交易、点对点网络，这些比特币的精神内核，在 B-Money 中已经基本全部显现。B-Money 白皮书中的很多设想及设计，都被后来比特币和其他加密货币系统所采用和借鉴。

10 年后，B-Money 成了比特币白皮书中的第一个引用来源。而在以太坊中，ETH 最小计量单位也被命名为“Wei”，以此向戴维致敬。

第四节　智能合约创造者和他的 BitGold

2005 年，精通经济、法律和计算机科学的学者尼克·萨博（Nick Szabo）提出了一种全新的具有革命性的数字货币——BitGold（比特金）。

他在白皮书中写道：“因为我们使用的钱的价值依赖于可信第三方，正像 20 世纪的通货膨胀和恶性通货膨胀所证明的，这并不是一个合理的事态。同样，私人银行发行的纸币，虽然有林

图 2–5　尼克 · 萨博（Nick Szabo）

图片来源：coincentral.com

林总总的优劣和劣势，但同样依赖于一个可信第三方。”

为了解决货币对第三方的依赖，萨博的比特金使用被称为“解题功能”客户端，让用户通过竞争解决数学难题，再将解答的结果用在加密算法串联在一起公开发布，构建出一个产权认证系统。

萨博是一个擅长理论研究的人。他的比特金系统提案汲取了很多前人的经验，其中最为重要的就是 2004 年哈尔 · 芬尼提出的可重复使用的工作量证明（Proof of Work）。

而哈尔 · 芬尼在日后也成了比特币发展历程中的关键人物。

另外，萨博还早在1994年就提出了智能合约概念，写出了被誉为智能合约开山之作的论文“Smart Contracts”。但可惜的是，萨博的编程水平不为人所认可，使得他的很多设想最终都没能成为现实。

第五节　其他关键技术的出现

比特币是Wei Dai在网络朋克中所提到的B-Money构想和尼克·萨博提出的BitGold的具体实现。

——中本聪

从大卫的eCash到戴维的B-Money，再到萨博的BitGlod，一代代密码朋克在加密数字货币领域的不断探索和跋涉，为比特币的诞生积累了丰富的实践经验。

除此之外，一些关键技术的出现也为比特币的诞生奠定了坚实的理论基础。

1997年，亚当·拜克（Adam Back）发明了哈希现金（Hashcash）算法机制。如今无数的电力耗费在比特币挖矿上，就要拜他所赐。但他的本意，是为了实现电子邮件的可信，让用户发送电子邮件之前，运算一个数学题。这样可以使用户发送大量垃圾邮件就会成本巨大。这种思想，之后被哈尔·芬尼借鉴用来做可重复的工作量证明机制，随后，工作量证明机制又被中本聪用到比特币系统中。

图 2–6　亚当·拜克（Adam Back），哈希现金（Hashcash）创始人

图片来源：bitsonline.com

另一个关键技术是 P2P 协议。谈到 P2P，很多人可能会马上想到此前国内盛行的 P2P 网贷。但这里的 P2P 是指点对点网络传输技术。快播、迅雷以及所有的种子资源，都采用了 P2P 技术。P2P 协议是一种革命性的发明，它使信息传输能在一定程度上摆脱中心化机构，帮助用户在网络上更加容易、直接地交互和共享。

图 2–7　肖恩・范宁（Shawn Fanning）与肖恩・帕克（Sean Parker）

图片来源：thedailybeast.com

这种技术在 1999 年由肖恩・范宁（Shawn Fanning）与肖恩・帕克（Sean Parker）创建。基于这种技术，他们创建的 Napster 几乎颠覆了美国的音乐市场。虽然后来因为司法问题 Napster 一蹶不振，但 P2P 协议出现的意义不言而喻。从某种程度上可以说，没有 P2P 协议，可能就不会有后来的比特币。

至此，比特币系统的核心技术：加密技术（盲签名和非对称加密）、点对点技术（P2P）、工作量证明（Hashcash）、分布式系统（B–Money）等都已全部出现。

第六节　神秘的中本聪和比特币

2008年，金融危机在全球范围内肆虐，全球几乎所有国家都在这场危机中挣扎。

2008年11月1日凌晨2点10分，一个名叫中本聪的密码朋克轻点鼠标，在一个秘密讨论群"密码学邮件组"里发布了一封帖子："我正在开发一种新的电子货币系统，采用完全点对点的形式，且无须授信第三方的介入。"帖子还附上了一篇9页长的论文——"Bitcoin: A Peer-to-Peer Electronic Cash System"（《比特币：一种点对点的电子现金系统》）。

当时谁也没有意识到，如同一把钥匙，中本聪就用这个帖子开启了一个崭新的世界——比特币和区块链世界。而这篇论文，在之后的日子里也被奉为比特币信仰者的《圣经》、无政府主义者的信仰基石和开发者的《汉谟拉比法典》。

但时至今日，人们仍然不知道中本聪到底是谁，甚至不知道中本聪到底是一个人还是一个组织的代号。

在比特币白皮书发布两个多月后，2009年1月3日18点15分，在赫尔辛基的一个小型服务器上，中本聪发布了第一版比特币客户端，并通过CPU创建了比特币世界的创世区块（Genesis Block），获得了第一笔50枚比特币的奖励。世界上的第一枚比特币就此诞生。中本聪还在创世区块中留下了这样一句话："2009 年 1 月 3 日，财政大臣正处于实施第二轮银行紧急救助的边缘。"

比特币诞生之后，数字货币世界开始了轰轰烈烈而又充满曲折的第一个 10 年。10 年间，数以千计的数字货币面世，机构、政府相继关注并加入这一赛道，数字货币的时代已近在眼前。

按照数字货币发行主体分类，我们可以简单地将其分为以比特币为代表的民间私有数字货币、以 Facebook 的 Libra 项目为代表的机构数字货币以及由国家主导的法定数字货币。

从下一章开始，我们将从这三个类别分别去讲述数字货币前世今生的故事。

第三章　数字货币“大涌现”

“如果能够穿越到十年前，你会选择做什么？”

普通人的回答必定千奇百怪，但无论是对比特币一知半解的人还是数字货币领域内的大佬，“买比特币”将是他们共同的回答。

从最初不足2分人民币，到最高点冲到13万元人民币，比特币的涨幅一度高达650万倍，将其称为人类历史上最高回报率的投资也不为过。

除了惊人的回报率，如果你能了解比特币的原理以及这十年它所经历和衍生的一切，或许你也会深深为之着迷。

比特币诞生后的数年时间里，逐渐涌现了各类数字货币。尤其是以太坊问世之后，数字货币数量开始了急剧增长，虽然其中不乏诸多生命力短暂的空气币、传销币等。据全球数字货币价格数据网站 CoinMarketCap 显示，截至 2019 年 10 月 31 日，全球共有 3052 种加密数字货币，市值超过 2 444.6 亿美元。

在这众多类别当中，我们将从市值排名前 15 的加密数字货币中选择极具代表性或极具影响力的 9 种进行详细介绍。这其中包括最具影响力的比特币、引入智能合约开创代币体系的以太坊、专注跨境支付的瑞波、被称为“企业版以太坊”的 EOS 等。

第一节　比特币：故事的开端

BTC（比特币）基本行情：

发行时间：2009 年 1 月 3 日

最大供给量：2100 万

市值：$151 070 622 758（截至 2019 年 9 月 26 日）

价格：$8 439.13（截至 2019 年 9 月 26 日）

历史最高价格：$20 089

累计投资回报率：+3 374 880.41 倍（截至 2019 年 9 月 26 日）

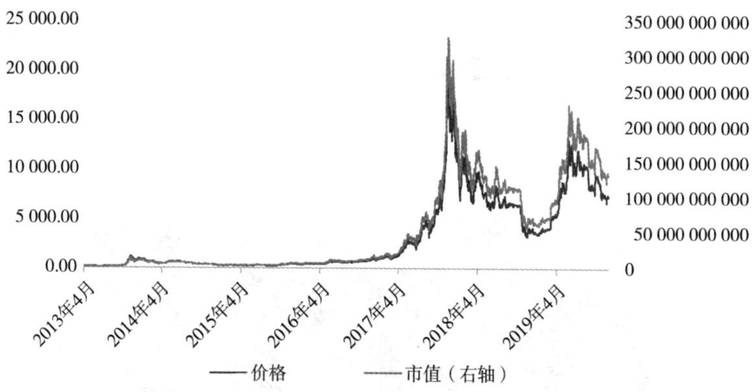

图 3–1　比特币价格及市值走势（单位：美元）

注：①以每日 24：00 时收盘价为当日价格。

②从 2013 年 4 月 29 日开始统计。

③加密数字货币风险较高，用户投资须谨慎。

来源：零壹智库制图

比特币是最早的去中心化可编程加密数字货币之一，也是后来一切关于数字货币故事的开端。

为什么发明比特币？从中本聪曾说过的一段话中，或许我们能找到一些缘由：

“传统货币的根本问题，正是来源于维持它运转所需要的东西——信任。人们必须要相信中央银行不会有意劣化货币，可是法币的历史却充满了对这种信任的背叛。我们相信银行，银行持有并电子化地转移了我们的钱，可是银行却在部分保证金制度之下，通过一浪接一浪的信用泡沫将货币抛撒出。”

在 2008 年金融危机爆发的背景下，中本聪等密码朋克对传统银行中心化体系和信用货币制度的失望愈加明显，随后比特币的问世也就顺理成章了。

图 3–2　比特币创世块

注：在比特币的创世块中，中本聪留下了一句永存在比特币网络中的话，“The Times 03/Jan/2009 Chancellor on brink of second bailout for banks”，这句话是英国《泰晤士报》当天的头版文章标题《2009 年 1 月 3 日，财政大臣正处于实施第二轮银行紧急救助的边缘》。

图片来源：wikimedia.org

一、比特币是什么？

通俗地讲，比特币是一种总量恒定 2100 万的数字货币，和互联网一样具有去中心化、全球化、匿名性等特性。向地球另一端转账比特币，就像发送电子邮件一样简单，低成本，无任何限制。比特币因此被用于跨境贸易、支付、汇款等领域。

百度百科中的“比特币”词条这样解释：

“比特币是一种 **P2P 形式**的虚拟的加密数字货币。**点对点的传输**意味着一个去中心化的支付系统。

“与所有的货币不同，比特币不依靠特定货币机构发行，它依据**特定算法**，通过大量的计算产生，比特币经济使用整个 P2P 网络中众多**节点**构成的分布式数据库来确认并记录所有的交易行为，并使用**密码学的设计**来确保**货币流通**各个环节的安全性。P2P 的**去中心化特性**与算法本身可以确保无法通过大量制造比特币来人为操控币值。基于密码学的设计可以使比特币只能被真实的拥有者转移或支付。这同样确保了货币所有权与流通交易的**匿名性**。比特币与其他虚拟货币最大的不同，是其总数量非常有限，具有极强的**稀缺性**。”

看完这些，你是否理解了什么是比特币？如果还不能，那不妨举个例子。

正常情况下，A 想给 B 转账 100 元，需要 A 先向自己的开户银行发送指令，然后银行在你的账户上减掉 100 元，并将这 100 元转到 B 的开户银行；同时，B 的开户银行在收到这 100 元之后，在 B 的账户上增加 100 元。这样，A 和 B 之间的转账才能完成。

也就是说，虽似 A 和 B 两个人之间的转账交易，实际上却有一个甚至多个第三方机构（这里指银行）参与。银行在这笔交易中的主要职责，就是“记账”，确认这笔钱是谁的、从哪儿来、到哪儿去等一系列信息。现在的金融系统基本上都采用这种中心化账簿技术。

问题在于，在这种系统下，每个人的每笔交易信息都会被中心化机构获取，并且还将收取一定的手续费。如果涉及跨境支付，这种系统的效率也不容乐观。

于是，中本聪和他的比特币采用了一种分布式账簿技术。什么是分布式账簿？简单来说，就是人人都参与记账，而不再仅由银行等第三方来履行记账的职责。具体这样规定：

（1）所有参与比特币系统的用户共同维护一个账本，账本每 10 分钟更新一次，每次更新都要同步给所有人；

（2）参与的每一个人都有权记账。只要记账就能获得一定的比特币作为奖励（每 4 年减半，现在是 12.5 个比特币，2020 年再次减半）；

（3）所有想记账的人要一起解一道数学题，第一个算对的人才有资格记账。（解数学题获得记账权和比特币奖励的过程，称为“挖矿”。）

同样以 A 和 B 之间的转账为例，比特币系统这样运作：

（1）A 和 B 达成转账意向之后，A 告诉所有人：我要把我的 100 元转给 B 了；

（2）在所有人听到这确实是 A 的声音之后，就开始检查 A 的账户里是否有足够的余额来支付这一笔转账；

（3）如果确认 A 的账户余额足够，获得记账权的人开始在账本上记录这笔交易，A 和 B 的交易完成，并将这笔交易广播给所有人；

（4）所有收到广播的人同步修改自己的账本，以此保证所有账本的一致。

这就是比特币运行的一个通俗描述，实际上远比这复杂。但从这里我们也不难看出，作为一种加密数字货币，比特币主要解决的是电子货币交易过程中由于中心化机构参与导致的信任问题以及电子货币双花问题。

二、比特币和区块链的关系

现在一提到区块链，人们自然而然地想到比特币，甚至很容易将比特币和区块链混为一谈。比特币和区块链到底是什么关系？到底是先有区块链还是先有比特币？

区块链本质上是一个去中心化的分布式账本数据库。它并不是一种全新的技术，而是基于此前包括密码学、经济学、计算机科学等在内的众多学科技术融合而成的一种组合型技术。

区块链是比特币的底层技术，早期并未被很多人关注，在中本聪最早发布的比特币白皮书中也没有关于区块链的直接描述。但后来当比特币在没有中心化机构运营和管理的情况下，稳定运行了很多年并且没有发生任何重大问题之后，人们开始关注到比特币的底层技术系统，并将其命名为“区块链”。

比特币和区块链相伴相生，相互成全：比特币的火热使区块链被更多人关注，区块链的广泛应用也使比特币被更多人熟知。

但区块链不是简单地等同于比特币。区块链是组合型技术，更是新兴科学。而比特币从某种程度上只是区块链技术的实际应用，只不过是第一个应用，也是迄今为止影响力最大和最为成功的应用。但区块链技术不仅可以在比特币系统中使用，如今在跨境支付、数字存证、商品溯源等诸多领域都能得到广泛应用。

三、如何获得比特币？

想获得比特币，至少有以下三种方法：

第一，通过挖矿获得比特币奖励。比特币是通缩模型，总量上限是2100枚，预计在2140年挖完。在此之前，任何人都可以通过参与比特币系统来争夺记账权，获得比特币奖励，现在每个区块奖励12.5枚比特币。最早通过电脑CPU就可以用于挖矿，而如今只有使用专业的比特币矿机才有机会获得比特币挖矿奖励。

第二，交易所交易获得比特币。国内在 2017 年 9 月 30 日已停止交易。

第三，OTC 交易。OTC 即场外交易，更多是指不在交易所进行的私下交易，多为个人与个人间的交易。

四、买卖比特币是否合法?

中国政府过去数年间多次提示比特币等虚拟货币的交易风险，并关闭在内地的交易所，但未曾明确禁止个人持有或投资比特币。

对于民众而言，法无禁止即可为。通俗点讲，国家不鼓励普通老百姓参与比特币交易，并提醒民众这件事风险比较大，但如果非要干，就要自己承担可能出现的所有风险。所以，普通民众买卖比特币只要不用于非法活动，都不会构成违法犯罪行为。

另外，有些不太了解比特币的人将比特币视为一场“庞氏骗局”。这其实也是错误的说法。

庞氏骗局指那些承诺高回报，实际利用新进参与者投入的钱给早期参与者支付利息和短期回报，以制造赚钱假象，进而诱骗更多人参与的骗局。一般的庞氏骗局至少具有三个特征：中心化运作或操纵；承诺高回报；用后来者的钱支付给早期参与者。

比特币显然不具备这些特征。中本聪在发明比特币之后就选择了隐退，至今也无人知晓他到底是谁。这些年来，比特币从未依靠一个中心化机构运行和管理，而是通过算法和比特币社区内所有用户的共同维护继续发展。而比特币的价格更是剧烈波动，没有人敢保证投资比特币就一定能获取高额收益，更不可能用后来者的钱支付给早期参与者。

第二节　比特币现金及各类分叉币：和而不同

BCH（比特币现金）基本行情：

发行时间：2017 年 7 月

最大供给量：2 100 万

市值：$4 031 706 684（截至 2019 年 9 月 26 日）

价格：$225（截至 2019 年 9 月 26 日）

历史最高价格：$4 355.62

累计投资回报率：−59.52%（截至 2019 年 9 月 26 日）

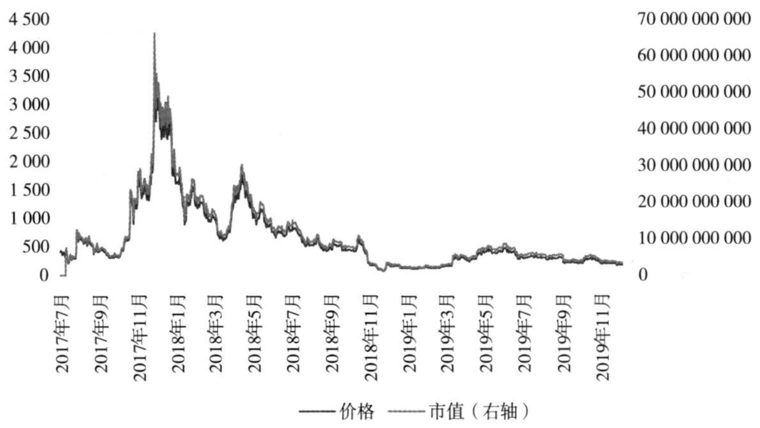

图 3–3　比特币现金价格及市值走势（单位：美元）

注：①以每日 24 : 00 时收盘价为当日价格。

② 2017 年 7 月宣布分叉比特币并将其命名为比特币现金（Bitcoin Cash），8 月正式执行硬分叉。

③加密数字货币风险较高，用户投资须谨慎。

来源：零壹智库制图

如今的数字货币市场上，除了比特币，还存在诸如比特币现金、比特币黄金等诸多由比特币衍生出来的数字货币，这类数字货币统称为比特币分叉币。

所谓分叉，是指创造出区块链的替代版本，使得两个区块链在网络的不同部分同时运行。某种意义上我们可以将分叉理解为一种软件代码的更新升级。如果所有用户都愿意遵循最初制定的规则，那么规则就永远都不需要改变，区块链也就不会出现分叉。但是如果用户的共识出现了重大分歧或者需要改变管理协议的基本规则时，分叉就产生了。

分叉可分为两类：软分叉和硬分叉。软分叉能够同时兼容新旧版本，硬分叉将分为新旧两个互不兼容的版本。举个例子，软分叉就如同家人之间出现分歧，通过沟通协商同步最新信息后，消除彼此摩擦并取得新的共识；而硬分叉就如同分家：如果家庭成员都认同这个家，就不会出现分家的情况，但如果有成员不认同家规，要么协商解决问题，但在协商解决不了的情况下，就只能分家，从此各过各的。

比特币之所以会分叉，在于比特币本身存在的一些问题。中本聪设计比特币之初，对每个区块容量有最高限制 32M。比特币运行后最初两年的实际区块大小都在 0.5K 以内。在没有直接说明原因的情况下，中本聪于 2010 年 7 月设置了最大 1M 的区块容量限制。这种限制在比特币发展早期并未出现任何不妥之处。

但随着参与比特币系统的用户越来越多，比特币网络开始造成拥堵，交易处理速度愈加缓慢。同时，由于网络拥堵导致比特币的交易手续费居高不下，导致其支付能力饱受质疑。

另外，由于比特币系统公开交易金额的特性，比特币最初设计的机制允许用户每次交易可以采用不同的假名来保证交易者的隐私。但随着比特币开始被广泛地运用到支付场景。比特币拥有者付款所用的假名或账号就会泄露。更为严重的是，由于全网交易账本可以公开获取，比特币找零地址进一步泄露了该用户历史上的比特币账号，从而大大削弱了比特币系统的用户隐私保护能力。

为了解决性能上的不足，比特币社区提出了两种主流的解决方案：

第一，对比特币现有区块容量进行软件升级，使得区块大小升级到 8M。

第二，为提升比特币的网络效率进行隔离见证（SegWit），使得每个区块大小扩大至 2M。

针对这两种方案，比特币的众多参与方未能达成共识，导致各方开始按照自己的设想对比特币进行改造，由此引发了数百次分叉，产生了无数个由比特币衍生而来的分叉币。

其中最有名的就是 Bitcoin Cash（比特币现金，BCH）分叉。

2017 年 8 月，在比特币区块高度 478 558 处，第一个 BCH 区块正式被挖出，区块大小 1.9M。BCH 正式与比特币分道扬镳。

BCH 在比特币代码的基础上进行了修改，支持大区块（当时将区块大小提升至 8M），对区块难度（即比特币中挖出区块的难度）进行动态调整，保证出块速度。BCH 是一种基于比特币但又有别于比特币的新型数字资产。

BCH 希望成为数字现金，主要应用于小额支付、打赏等场景。

第三节　以太坊及其代币体系：区块链 2.0

ETH（以太币）基本行情：

发行时间：2014 年 7 月 24 日

最大供给量：107 100 935

市值：$18 287 763 756（截至 2019 年 9 月 26 日）

价格：$170.70（截至 2019 年 9 月 26 日）

历史最高价格：$1 432.88

累计投资回报率：+55 348%（截至 2019 年 9 月 26 日）

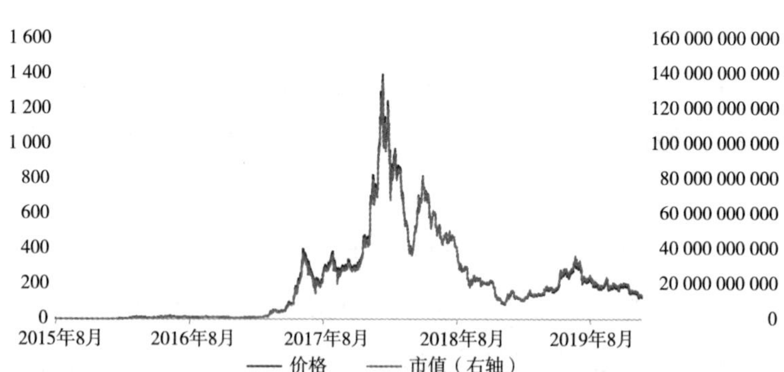

图 3–4　以太坊价格及市值走势（单位：美元）

注：①以每日 24：00 时收盘价为当日价格。

②加密数字货币风险较高，用户投资须谨慎。

来源：零壹智库制图

比特币开创了去中心化密码货币的先河，时间验证了区块链技术的可行性和安全性。但正如前文所说，比特币并不完美。除了区块容量大小问题外，可拓展性也是比特币很明显的一项不足：比特币网络中只允许运行比特币一种价值符号，用户无法自定义另外的符号；用户也无法基于场景需求对比特币的脚本语言进行重新构建，灵活性不足。

2013 年到 2014 年间，受比特币启发后，程序员 Vitalik Buterin 首次提出了以太坊概念，大意为“下一代加密货币与去中心化应用平台”。比特币被视为“区块链 1.0”，以太坊则被称为“区块链 2.0”。

以太坊在设计上主要解决了比特币扩展性不足的问题，它提供了各种模块让用户来搭建应用。如果将搭建应用比作造房子，那么以太坊就提供了墙面、屋顶、地板等模块，用户只需像搭积木一样把房子搭起来，因此在以太坊上建立应用的成本和速度都大大改善。

以太坊通过一套图灵完备的脚本（Ethereum Virtual Machinecode，EVM）语言建立应用。为了方便开发者进行程序开发，以太坊编程不需要直接使用 EVM 语言，而是可以使用类似 C 语言、Python、Lisp 等主流的高级语言，再通过编译器转成 EVM 语言。

以太坊的核心是智能合约。智能合约的概念 1995 年就被提出，但直到以太坊才真正受到关注。智能合约允许在没有第三方的情况下进行可信交易，这些交易可追踪且不可逆转。通俗点讲，智能合约就是提前定规矩：只要合约被写入代码，就将在达到触发条件的情况下由机器自动执行，人为不得参与和改变合约执行。

智能合约被《彭博商业周刊》称为“所有人共享但无法篡改的软件”。智能合约的存在，让以太坊可以在很多场景中将人的信任转化成机器信任，潜在应用场景很多，如公司治理、网络众筹、合同管理、代币发行等。

如果比特币网络是一个全新的分布式数据库，那以太坊就可被视为一个永不关机的全球分布式计算机。

2013 年年末，Vitalik 发布以太坊初版白皮书，正式启动了项目。2014 年 7 月 24 日起，以太坊进行了为期 42 天的以太币（ETH）预售。随后的大部分日子里，ETH 饱受追捧，成为仅次于比特币的全球市值第二高的加密货币。

凭借其图灵完备语言和可应用智能合约的账户体系，以太坊平台也成为众多“区块链创业团队”的首选之地：先通过以太坊 ICO（Initial Coin Offering，首次代币发行，类似 IPO）募资，再发展自有技术，让更多人参与到数字货币发展中。

这类基于以太坊发行的数字货币统称为“ERC20 代币”。据不完全统计，目前市面上约有 80% 以上的数字货币，都是基于以太坊发行的。而在市值排行前一百的数字货币中，有近一半是基于以太坊的代币。

但在这个过程中，在数字货币迅速繁荣的同时，山寨币、空气币等横行市场，很多项目通过发行代币欺骗投资者，出现大量 ICO 骗局，造成巨大的数字货币泡沫，由此引发了各国政府对数字货币的新一轮关注和监管。

第四节　瑞波币：取代 SWIFT

XRP（瑞波币）基本行情：

发行时间：2011 年 4 月

最大供给量：1 000 亿

市值：$10 577 915 134（截至 2019 年 9 月 26 日）

价格：$0.246 9（截至 2019 年 9 月 26 日）

历史最高价格：$3.841 9

累计投资回报率：+4 104.64%（截至 2019 年 9 月 26 日）

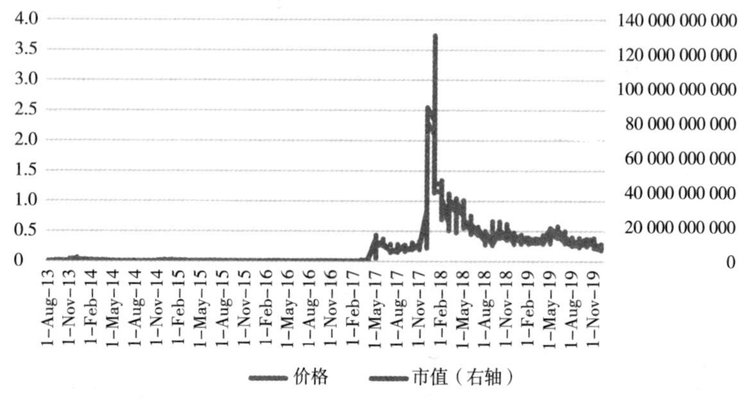

图 3-5　瑞波币价格及市值走势（单位：美元）

注：①以每日 24：00 时收盘价为当日价格。

②加密数字货币风险较高，用户投资须谨慎。

来源：零壹智库制图

瑞波币是一种少见的中心化数字货币，是 Ripple（瑞波）网络中的基础货币。

瑞波币发行总量 1000 亿，2013 年 3 月发行价 0.0000007 元，2017 年最高峰时价格达 20.8 元，5 年间价格上涨了近 3000 万倍，市值一度超越以太坊，成为全球第二大加密货币。

瑞波是全球第一个开放支付转账网络，通过瑞波网络可以实现任意一种货币的转账，包括美元、人民币或者比特币等，交易确认几秒内完成并且交易费用几乎为零，没有所谓的跨行异地或者跨境支付费用。

2004年瑞波就推出了早期版本，但一直不太成功。直到2012年，OpenCoin公司接手项目，并在项目中引入“网关”和“瑞波币”之后，瑞波才开始受到市场的青睐。

“网关”是资金进出瑞波网络的进出口，如同中介一般的存在。人们可以通过网关将各类货币注入或者抽离瑞波系统。只要双方共同信任同一个网关，两个人之间就可以进行转账交易。这类网关如果由银行等金融机构充当，就更容易使陌生人凭借网关建立信任关系。

瑞波币充当的是系统内的流动工具和货币兑换桥梁。在瑞波系统内，你想要进行跨网关转账和提现，首先需要将你持有的任意类别的法定货币或数字货币兑换成瑞波币，然后通过瑞波网络发送给其他任意地区的收款人；收款人在收到瑞波币之后，可以在所在地将其兑换成自己所需要的任意货币币种。

瑞波币目前主要的应用场景在于跨境支付。目前全球大多数国家银行都采用SWIFT系统进行跨境清结算（Society for Worldwide Interbank Financial Telecommunications，环球同业银行金融电讯协会）。在跨币种汇款的收费项目中，除银行自身收取的手续费外，每一笔大额转账由银行代收、但实际支付给SWIFT的费用也高达数百元人民币。另外，一般的跨境转账业务会存在一定的时间滞后性：可能我今天给身处美国的朋友通过银行转了一笔钱，明天他才有可能收到。如果遇到非工作日，跨境转账的时间成本更高。

瑞波系统一定程度上解决了这个问题。瑞波的交易确认时间仅为3秒到5秒，而且外汇兑换手续费极低，几乎可以忽略不计。与 SWIFT 相比，基于区块链技术的瑞波是“一个可以让所有人看到的透明的账本”，可以让全世界的人们在分布式网络中进行点对点的金融交易。

瑞波官网信息显示，目前瑞波的服务已经覆盖了 27 个国家，并与全球 200 余家银行和金融机构建立了合作关系。

瑞波币的出现，不仅挑战了 SWIFT 在全球支付结算尤其是跨境支付领域的地位，也使得从比特币开始，一直梦想的“货币转账像发电子邮件一样成本低廉、方便快捷”的目标逐步迈向现实。

第五节　EOS：企业版“以太坊”

EOS（柚子）基本行情：

发行时间：2017 年 7 月

最大供给量：1 044 858 394

市值：$2 705 059 849（截至 2019 年 9 月 26 日）

价格：$2.8678（截至 2019 年 9 月 26 日）

历史最高价格：$22.8903

累计投资回报率：+170.09%（截至 2019 年 9 月 26 日）

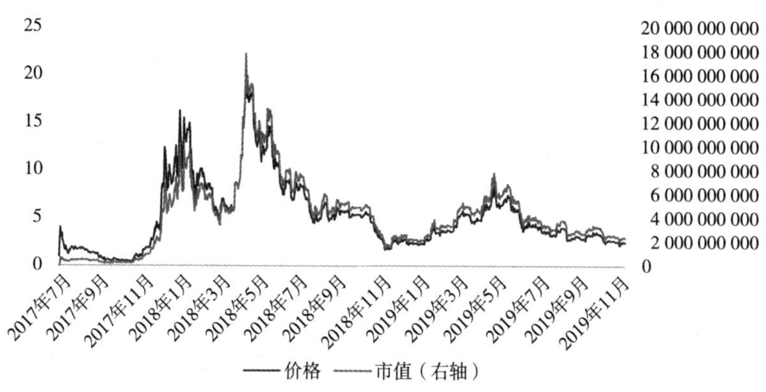

图 3–6　EOS 价格及市值走势（单位：美元）

注：①以每日 24：00 时收盘价为当日价格。

②加密数字货币风险较高，用户投资须谨慎。

来源：零壹智库制图

EOS，俗称“柚子”。

与以太坊类似，EOS 可在系统内部署智能合约，但它主要为分布式商业应用而设计，因此被认为是针对大型企业版的“以太坊”。

比特币每秒最多支持 7 笔交易，以太坊最多每秒完成约 15

笔交易（经过伊斯坦布尔升级，以太坊 TPS 已经大为改善，后续有详细介绍），相比之下，Visa 网络每秒可以处理 24000 笔交易。交易性能的不足成为限制比特币和以太坊无法被大规模商用的因素之一。而 EOS 在早期的测试中每秒能够处理 1 万到 10 万次交易，实际中也至少每秒上千级别的处理量，已经能基本满足企业对网络性能的需求。

EOS 与以太坊的另一个差别在于共识机制的选择上。现在以太坊采用的是 POW 机制（以太坊 2.0 将逐渐转换为 POS 机制），而 EOS 采用 DPOS（股份授权证明）机制。机制的选择使 EOS 相对以太坊更加安全，能在遭受黑客攻击时冻结、处理或更新受到攻击的 DApp（分布式应用），而不会干扰到其他运行程序。

但由于采用了 DPOS 机制，EOS 无法像比特币和以太坊一样通过矿机挖矿来分配记账权，而只能通过选取 21 个超级节点来完成记账，以此来换取系统的运作效率。21 个超级节点就是整个系统的控制中心和数据交易中心，所以 EOS 本身并未像比特币或以太坊一样实现去中心化，而更像多中心化或半中心化。EOS 也因此备受争议，区块链原教旨主义者认为它算不上一个真正的区块链项目。

与以太坊不同的另一点在于，EOS 没有手续费。在 EOS 上开发 DApp，需要用到的网络和计算资源根据开发者拥有的 EOS

比例分配，而无须额外缴纳其他费用。也就是说，拥有了 EOS，你就拥有了 EOS 网络中的关键资源，并且这些资源你还可以租给别人使用。举个不太恰当的例子，拥有了 EOS，就相当于你在 EOS 网络中有了一套房，可以自己住（无须租金），还可以租给别人使用获取租金。

基于以上种种优势，EOS 被称为“升级版以太坊”。

2017 年，EOS 白皮书发布，随后进行了长达 341 天的 ICO 过程，直到 2018 年 6 月，EOS 主网正式上线。

但上线后的 EOS 并未成为期望中那个支撑起大量商业应用的底层设施，反而一直处于沉寂状态，甚至一度经历上线延期、安全漏洞、主网宕机等问题，币价数次暴跌。

有意思的是，EOS 的灵魂人物 BM（Daniel Larimer，网名 Byte Master，简称 BM）曾在网络上向中本聪提出诸多关于比特币的疑问，中本聪对 BM 说：“If you don’t believe me or don’t get it, I don’t have time to try to convince you, sorry.（你不相信我或者不理解我的话，对不起，我没时间去说服你。）”

第六节　莱特币：最成功的比特币山寨币

LTC（莱特币）基本行情：

发行时间：2011 年 11 月

最大供给量：8 400 万

市值：$3 579 308 254（截至 2019 年 9 月 26 日）

价格：$569 267（截至 2019 年 9 月 26 日）

历史最高价格：$375.28

累计投资回报率：+1 223.88%（截至 2019 年 9 月 26 日）

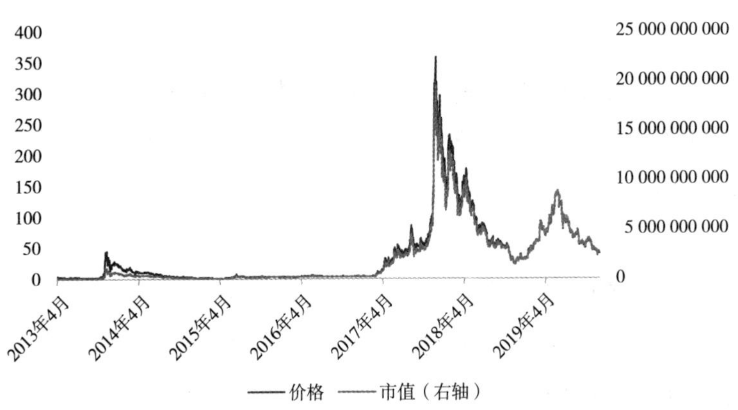

图 3–7　莱特币价格及市值走势（单位：美元）

注：①以每日 24：00 时收盘价为当日价格。

②加密数字货币风险较高，用户投资须谨慎。

来源：零壹智库制图

莱特币（Litecoin）是一种基于点对点（P2P）技术的加密数字货币，2011 年由美籍华人李启威创造。

当初和很多人一样，李启威也发现了比特币交易速度太慢的问题。但和 V 神创造以太坊、BM 主导 EOS 的做法不一样，李启威一心想着改进比特币，做一个更轻量级的比特币。于是，李启威创造了莱特币，将其定位为比特币的补充。

莱特币是最早出现的比特币山寨币。它主要受到比特币的启发，技术原理和比特币几乎相同：采用去中心化的架构、无任何中心机构控制、新币发行和交易支付转让都是基于开源的加密算法。

莱特币也曾是最成功的山寨币，市值最高冲上过全球第二，甚至出现了“比特金，莱特银”的说法。这种大受追捧与莱特币自身的创新有关。虽然技术原理“模仿”比特币，但莱特币在交易成本、交易速度、资源消耗等方面具有明显优势，被认为是“改良比特币算法最成功的虚拟货币”。

莱特币对比特币的改造主要包括：发行总量 8 400 万，是比特币的 4 倍；区块确认时间 2.5 分钟，是比特币的 1/4 ；共识机制同为 PoW，但采用了 Scrypt 加密算法，使消费级硬件（如电脑）也能参与挖矿。

莱特币没有特定使用场景，但价格也曾出现喜人的上涨趋势。从 2013 年 11 月 17 日的 27 元到 11 月 27 日的 117 元，短短 10 天时间内，莱特币涨幅就超过 300%，随后更是突破了 300 元。

但在 2017 年 12 月，莱特币的创始人李启威将个人持有的所有莱特币清盘。李启威的理由是避免“利益冲突”，而此举被市场解读为李启威对莱特币失去信心而进行的套现行为。消息公布之后，莱特币价格大跌，市值也从历史最高的第二位跌至第七位。

时间到了 2018 年，经历了 2017 年暴跌后，莱特币从不到 1 元的价格再次一路走高，甚至以每天连续翻倍的疯狂速度狂飙。截至 2019 年 9 月，莱特币的价格已突破 500 元人民币，市值排名回升至全球数字货币第五。

第七节　恒星币：有情怀的数字货币

XLM（恒星币）基本行情：

发行时间：2014 年 8 月

最大供给量：105 182 816 019

市值：$1 176 561 960（截至 2019 年 9 月 26 日）

价格：$0.060220（截至 2019 年 9 月 26 日）

历史最高价格：$0.9381

累计投资回报率：+1 915.35%（截至 2019 年 9 月 26 日）

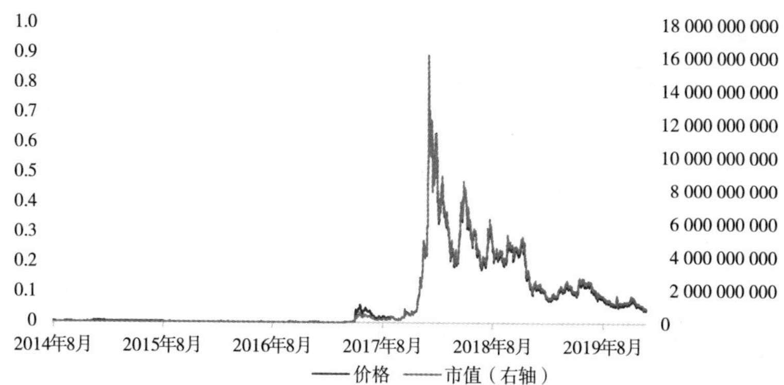

图 3–8　恒星币价格及市值走势（单位：美元）

注：①以每日 24：00 时收盘价为当日价格。

②加密数字货币风险较高，用户投资须谨慎。

来源：零壹智库制图

恒星币（stellar）与瑞波有着说不清道不明的关系。

恒星币是基于瑞波代码修改创建的恒星支付网络中的基础货币；恒星币项目 CTO 是瑞波的前任创始人之一 Jed Meccaleb；恒星支付网络与瑞波功能一样，能通过其实现任意货币的转账，包括美元、欧元、人民币、日元或者比特币，简便快捷，依托区块链技术，可在 2 秒到 5 秒内连接 180 种货币，减少跨境支付带来的交易费用和时间延迟。

恒星币的发行总量为 1 000 亿，这也与瑞波相同。但恒星币的发行速度不是逐年递减，反而按每年 1% 的速度逐年递增，这点与瑞波币不同。

与瑞波币不同的还有恒星币的发行方式：总量的 50% 将通

过直接分发计划分配给全世界用户，25% 通过增加覆盖计划分配给非营利组织以给予金融服务匮乏的人群，20% 通过比特币计划（指按用户的比特币持币占比来分配恒星币）分配，5% 留作项目运营费用。也就是说，95% 的恒星币都将免费送给用户。

恒星币由恒星基金会管理运营，目前该组织已按照特拉华州的法律规定注册成立为非营利组织，以环保、慈善、金融惠普为核心理念，致力于拯救贫困线下的那 10% 的人口。恒星币也因此被认为是一个绝对有情怀、有人情味的项目。

但由于舆论宣传不够，恒星币缺少足够的人气，很多普通投资者对于恒星币不够了解，在接受认可度方面也有所不足。

不过，作为一个支付网络，恒星系统是比较成功的。它构建了一个所有人都可以使用的开放金融系统，包括银行、金融机构、科技公司和个人用户都可以在上面进行转账交易。

2017 年，IBM 宣布与恒星币达成合作，将使用恒星币实现实时的跨境法币支付结算。德勤也通过整合恒星网络，创建了一个全新的跨国支付应用。

在中国，2017 年恒星币宣布与深丘科技达成战略合作。双方将共同成立一家中美合资企业 Gingpay，利用恒星网络 Stellar 构建一个面向全球用户的在线支付平台，并为接入恒星网络

Stellar 的机构和个人提供技术支持。

第八节　门罗币：新晋暗网币王

XMR（门罗币）基本行情：

发行时间：2014 年 4 月

最大供给量：17 125 519

市值：$1 010 072 645（截至 2019 年 9 月 26 日）

价格：$59.564 4（截至 2019 年 9 月 26 日）

历史最高价格：$495.83

累计投资回报率：+2 311.52%（截至 2019 年 9 月 26 日）

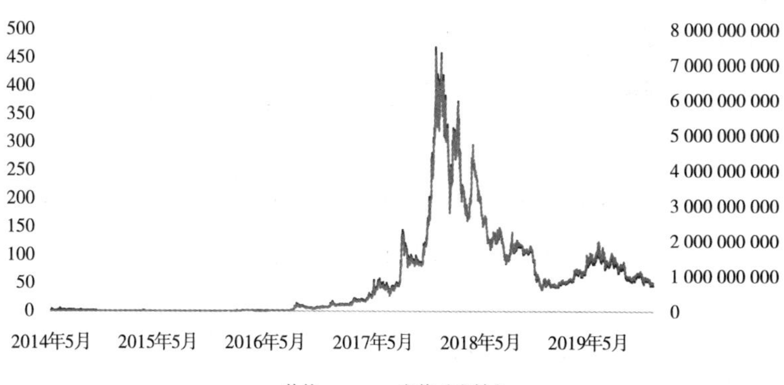

图 3–9　门罗币价格及市值走势（单位：美元）

注：①以每日 24：00 时收盘价为当日价格。

②加密数字货币风险较高，用户投资须谨慎。

来源：零壹智库制图

谈起网络，我们会不自觉地联想到我们每天学习、工作所浏览使用的那些网站门户。这些普通大众所能接触和搜索到的网站，被称为“明网”。

但你可能不知道的是，日常我们所感知到的明网仅占整个网络世界的不到 10%，而剩下超过 90% 的部分则是普通搜索引擎触碰不到的地方。这里充斥着暗杀、毒品、枪支、性、人口贩卖等一系列你想象不到的交易和事件，暴露着人性中最黑暗的部分，这里就是“暗网”。

比特币的早期发展，离不开暗网市场，尤其是丝绸之路（一个暗网毒品交易网站）。但近些年来，随着比特币不断向主流市场靠拢，被越来越多的人熟悉和接受，对倾向于隐蔽的暗网用户来说，显得过于高调。此外，比特币虽具有一定的匿名性，但无法做到完全匿名：可通过交易信息和交易地址被追踪。

于是，为了保持安全性和隐秘性，暗网正逐渐转向一些知名度较低并且匿名性更强的加密货币，比如门罗币。

门罗币被视为现阶段隐匿性最强的加密货币。它使用加密技术来屏蔽发送和接受信息以及交易金额，采取环签名和混淆地址的方式来保证匿名性。在默认情况下，关于门罗币的任何交易细节都是不可见的。

环签名技术是门罗币实现匿名的关键技术。它会随机将过去已经发生的交易添加到当前交易中，形成交易组合，使交易参与者的身份也混到整个组合中，以混淆交易者的真实身份。

同时，门罗币通过为每笔交易生成隐形地址来保证除了交易双方外其他人无法获取该交易的实际发送地址，以环机密交易隐藏交易的实际金额。

门罗币的各种技术设计都是为了实现更高的匿名性。相较比特币，门罗币能做到完全匿名，使其在暗网进行非法交易时更加隐蔽安全。根据黑客论坛关于暗网内加密货币接受程度的投票情况显示，门罗币现在受认可度已经位居第一，达到 21.82%。

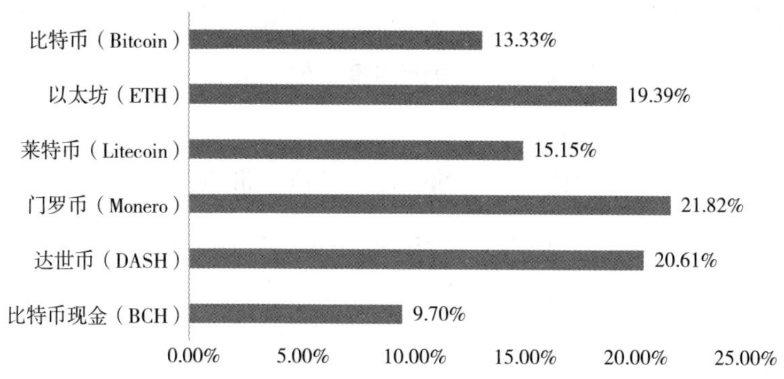

图 3–10　关于暗网内加密货币接受程度的统计

数据来源：某黑客论坛，零壹智库制图

作为匿名币的代表，门罗币的核心团队一直保持神秘，七名开发成员中仅两人公开身份。

门罗币的挖矿门槛很低，时至今日仍旧支持 CPU 和 GPU 挖矿。也就是说，即便你在家中使用电脑甚至手机都有机会挖到门罗币。同时，为了保证去中心化，避免被算力裹挟的情况出现，门罗币始终坚持对抗 ASIC 矿机。（目前常见矿机都采用 ASIC 芯片，效率远高于 GPU 和 CPU 挖矿。）此前比特大陆等矿机厂商都曾宣布将发售专供门罗币挖矿的 ASIC 矿机，门罗币团队立马决定进行硬分叉，通过修改核心共识算法进行抵制。从这点来看，门罗币还是一个有执念的项目。

门罗币与暗网关系暧昧，因为少部分人的匿名刚需的存在而发展迅猛，甚至有取代比特币成为“新晋暗网币王”的迹象。但由于涉及洗钱、恐怖融资等违法行为，也导致门罗币被各国监管部门厌恶打压，难以在更大范围内推广使用。

除了门罗币，比较知名的匿名币还有达世币（DASH）、大零币（ZEC）、Zcash、古灵币（Grin）、Beam 等。

第九节　USDT：稳定币龙头

USDT（泰达币）基本行情：

发行时间：2014 年 11 月

最大供给量：4 270 057 493

市值：$4 050 446 217（截至 2019 年 9 月 26 日）

价格：$1.0056（截至 2019 年 9 月 26 日）

历史最高价格：$1.1059

累计投资回报率：+0.57%（截至 2019 年 9 月 26 日）

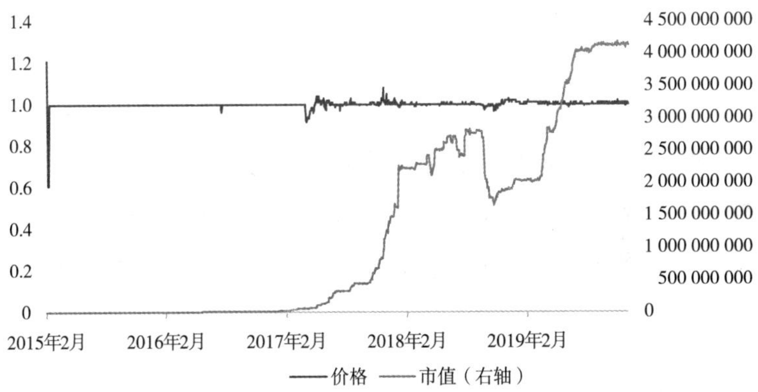

图 3–11　USDT 价格及市值走势（单位：美元）

注：①以每日 24：00 时收盘价为当日价格。

②加密数字货币风险较高，用户投资须谨慎。

来源：零壹智库制图

如果接触数字货币不久，看到 USDT 这样一种存在，你可能会把它误认为是美元。USDT 不是美元，但和美元有着千丝万缕的联系。

无论比特币，还是以太坊、EOS，就目前来看由于价格波动剧烈，无法成为普遍的支付工具，更多还是被视为一种投机（或投资）标的。要想实现数字货币的支付属性，首先需要维持价格稳定。其次，包括中国在内的很多国家明确禁止法币与比特币等数字货币的直接兑换，这时就需要一座新的桥梁——稳定币。

稳定币市场发行模式大致可分为三类：

1. 法币储备抵押模式，即通过抵押法币，发行与法币价值锚定的稳定数字货币（USDT 就是这一类）。

2. 数字资产抵押模式，即通过在区块链的智能合约上质押数字资产，从而发行锚定法币价格的数字货币。但由于现在数字资产本身价格波动较大，一般都需要通过超额质押以及强制清算等风控机制保证每枚稳定币背后都拥有足够抵押物（如 MakerDAO）。

3. 算法央行模式（又称“铸币权”模式），即无须抵押物，通过事先设定的算法机制进行类似央行公开市场操作，对稳定币供给数量进行调节，从而使稳定币价格与法币锚定（暂无成功项目）。

稳定币市场如今已经出现成百上千种稳定币，以法币储备抵押模式为主。尽管这一模式与区块链去中心化思想背道而驰，但仍然无法改变目前超过 95% 以上的稳定币都是通过这一模式发行的现实，而代表项目 USDT 更是当中无可取代的存在。

USDT 是最知名的稳定币之一，由 Tether 于 2014 年年底正式推出。USDT 通过与美元锚定实现自身价格的相对稳定。Tether 对用户宣称，每 1 枚 USDT，都对应着其银行账户的 1 美元等值资金担保。通俗地讲，Tether 每发 1 枚 USDT，就会在银行存入 1 美元，以此作为保障。所以，1USDT=1 美元，用户可以随时使用 USDT 兑换等值美元。

USDT 凭借美元传递的信任和区块链技术的信任，以及进入市场的先发优势，很快就成了稳定币市场的龙头。但市场一直存在对 Tether 和 USDT 的质疑声。质疑主要围绕在 Tether 不断增发 USDT 的同时，从未公布过可信审计报告来证明其拥有相应的美元储备。

2019 年 4 月 26 日，纽约总检察长办公室就 Bitfinex 与 Tether 的资金问题发表声明，直接指出知名交易所 Bitfinex 损失 8.5 亿美元，并试图利用 Tether 的 USDT 储备资金填补漏洞，掩盖巨额损失的事实。这件事最初是由于 Bitfinex 交易所在多个国家的比特币等数字资产被冻结，导致可能出现用户挤兑危机。为了解决这一问题，Bitfinex 请求兄弟单位 Tether（Bitfinex 和 Tether 都由 iFinex 运营）动用 USDT 的储备资金来救急，Tether 同意了这一请求。这件事被曝光后，进一步引发了市场对 USDT 的担忧，甚至导致比特币在 30 分钟内暴跌 10%。

尽管 USDT 很不完美，但却没有后来者能真正威胁到它的地位。

如果将视野放得更大一些，在 2018 年下半年之前，稳定币存在的意义主要在于建立数字货币世界与法币世界的桥梁属性，以及比特币等数字货币价格暴涨暴跌时的避险属性。

进入 2019 年之后，摩根大通、三菱日联、Facebook 等传统金融机构和互联网巨头的入场，引发了新一轮稳定币热潮，机构稳定币逐渐成为市场关注的焦点。

稳定币的终极形态是什么？有专家曾认为是法定数字货币。这种看法不无道理。正如前面提到的，当前 95% 以上的稳定币都是通过法币储备抵押模式发行，这些稳定币主要借用的就是法币信用来获取用户。那为什么稳定币不能直接是法定货币的一种呢？毕竟，法定数字货币是相对最稳定并且最容易取得普通用户信任的货币形态。

关于机构稳定币和法定数字货币，本书将从第五章开始介绍。在此之前，不妨先回顾一下从 2009 年到 2018 年，数字货币走过的第一个十年，到底发生了哪些值得铭记的大事。

第四章 十年路标：重大的历史节点

以2009年1月3日中本聪利用CPU“挖出”创世区块，获得第一笔50枚比特币奖励为起点，到如今，比特币和数字货币已经走过了第一个十年。

十年来，“信仰”“质疑”“暴涨”“暴跌”“暗网”“盗币”“监管”“分叉”……这些词汇始终萦绕在比特币和数字货币世界的上空。

从零到一，比特币和数字货币曾无数次在死亡边缘徘徊，但却始终在各国监管夹缝中逆势发展，孕育了一个充满挑战和机遇的新行业。

过去十年，比特币和数字货币行业到底经历了什么？又是如何在一次次的选择中走到了今天？本章将以时间为主线，围绕价格、人物、监管、重点企业等维度，回首比特币和数字货币走过的“激情岁月”。

第一节　522 比萨节——比特币的价格起点

比特币出现的初衷是成为一种点对点的电子支付系统，但在比特币最初的时间内，却几乎没有人使用比特币进行日常支付。

直到比萨事件的发生。

2010 年 5 月 18 日 12 时 35 分 20 秒，拉斯洛（Laszlo Hanyecz）在比特币早期论坛 Bitcoin Talk 上发帖，内容大概是："我可以付 1 万个比特币来购买几个比萨，大概两个大的就够了，这样我可以吃一个然后留一个明天吃。你可以自己做比萨也可以在餐厅订外卖然后送到我的住址。"

拉斯洛是一个精通计算机的程序员，在比特币早期阶段就开始挖矿，据传他还是使用 GPU 挖矿第一人。根据论坛上的回帖，他当时每天的挖矿收益在几千枚比特币左右，这也是他能一次性拿出 1 万枚比特币买比萨的底气所在。

然而，在他发出帖子后，虽有几个感兴趣的朋友陆续回复，有询问地址的，有计算这笔生意合不合算的，但直到 5 月 21 日，这笔交易也未取得任何实质性进展。所以在 21 日晚上 7 点左右，拉斯洛再次发帖："所以没有人想给我买比萨？我提供的比特币金额是否过低？"

当时很多人觉得拉斯洛的行为不靠谱，甚至围观嘲讽这种行为。

“在美国使用信用卡进行网上预定是一件十分便捷的事情，如果你饿了，应该考虑用其他方式来购买比萨。”一位网友这样留言。

究竟为什么要使用一万枚比特币购买比萨，拉斯洛的回答是：“我只是觉得，如果我可以用比特币支付比萨饼，就会很有意思。”

5 月 22 日，经历了四天的等待后，一位密码爱好者 Jercos（本名 Jeremy Sturdivant）趁商家优惠，花 25 美元购买了两份比萨寄给了拉斯洛，并按约定获得了 1 万枚比特币。拉斯洛在 22 日下午 5 时 17 分宣布这笔交易成功达成：“我只想报告我成功交易了 10 000 比特币用于比萨，感谢 Jercos！”

参与交易的 Jercos 当时年仅 19 岁，但他在比特币诞生之初就关注到了这项技术并长期活跃在各大比特币论坛。有意思的是，Jercos 在第二年以 400 美元的价格将这 1 万比特币出售，并用这些钱进行了一次可能还不错的旅行。如今，他更是成了一位加密货币投资者，先后购买了以太坊、莱特币等数字货币，并乐在其中。

可能拉斯洛和 Jercos 当时都没想到，比特币会发展到如今的地步。但他们的行为的价值在于：真正意义上第一次将比特币当成真正的货币，用于日常商品交换和消费。当然，也有人认为这笔交易赋予了比特币第一次交易中的价格，是比特币的价格起点。

无论未来如何，这笔交易已经在比特币发展史上留下了浓墨重彩的一笔。自那以后，比特币社区就把每年的5月22日当作“比特币比萨节”来庆祝。而拉斯洛和Jercos也因为这笔特殊的交易，被写入比特币价值诞生的历史纪实中。

如今，随着比特币市场的日益成熟，越来越多的商家和个人开始接受比特币支付。截至2019年4月，接受比特币支付的商户数量已经高达14518家，且呈上升趋势，其中包括微软、戴尔、Digitec、Galaxus等全球知名企业。

第二节　维基解密接受比特币捐赠，中本聪消失

2010年，比特币迎来史上第一次大规模曝光。

2006年，维基解密（WikiLeaks，又称维基揭秘）创建。作为一个协助知情人让组织、企业、政府在阳光下运作的、无国界、非营利的互联网媒体，维基解密专门公开来自匿名来源和网络泄露的文件。它的创始人朱利安·保罗·阿桑奇（Julian Paul

Assange）坚信信息的透明和自由交流会有效阻止非法治理。

因为维基解密通过各种渠道搜集和发布机密信息，逐渐成为美国和其他国家政府的“眼中钉”。

2010 年 11 月 28 日，维基解密网站发布了 25 万份美国驻外使馆发给美国国务院的秘密文传电报，其中大部分都是保密级别的文件，包括中东伊朗、朝鲜半岛问题、黑客入侵事件以及美国外交官员对一些国家元首的直白评价等。在此之前，维基解密还曾多次泄漏美军机密文件，美国军方称维基解密的行为对美国军方的“情报安全和运作安全”造成了严重威胁。

维基解密的行为引发了美国政府的愤怒，一场封锁维基解密的行动在美国政府的主导下开始了。维基解密网站被攻击直至瘫痪，美国政府更是直接向银行、信用卡机构和 PayPal 等金融机构施压，要求冻结阿桑奇和维基解密的金融账户。

靠捐赠生存的维基解密被扼住了咽喉。为了摆脱困境，阿桑奇向全世界求援，称愿意接受比特币捐赠。

就在比特币社区大多数因为比特币受到关注而开心庆祝时，比特币创始人中本聪却忧心忡忡。他在论坛上发帖：“比特币系统还很不成熟，阿桑奇和维基解密所带来的对于比特币的关注会摧毁比特币。”中本聪还在帖子中说：“如果能在其他情况下得到真正关注就好了。维基解密捅了马蜂窝，蜂群正朝我们飞来。”

但在比特币这样一个坚持去中心化的世界里，中本聪的意见并没有改变事情的走向，维基解密已经开始接受比特币捐赠了。

2010 年 12 月 12 日，在反对维基解密接受比特币捐赠后不久，中本聪在比特币论坛留下了最后一个帖子，然后就在论坛的公众视野中彻底消失了，再也没有出现。

中本聪就此成了比特币世界最神秘的存在，而接替他的是后来比特币社区的首席开发者——加文·安德烈森（Gavin Andresen）。

第三节　塞浦路斯事件引发比特币暴涨

塞浦路斯是地中海东部的一个岛国，2004 年加入欧盟，2008 年成为欧元区的一员。凭借自身离岸金融的发展模式，塞浦路斯吸引了大量海外存款，又将其中很大一部分投资于希腊国债等高风险、高收益的海外资产。

后来，希腊经济危机爆发后，希腊国债的市值下跌以及部分违约使得塞浦路斯的银行业遭遇巨额亏损，急需得到外部资金的援助。

2012年6月，塞浦路斯政府向欧盟提出175亿欧元的援助请求，但由于塞浦路斯不愿意像爱尔兰、希腊那样，交出部分财政主权，导致援助姗姗来迟并且附带苛刻的条件。

2013年，新一届塞浦路斯政府再次申请援助时，欧盟提出要求：要求塞浦路斯银行业的储户先行承担求助计划里的70亿欧元，它们才会提供剩下的100亿欧元救助。

4月17日，塞浦路斯总统发表电视讲话：为了获得欧盟100亿欧元的紧急援助贷款，塞浦路斯政府将向当地银行存户征收存款税，其中存款达10万欧元或以上的税率为9.9%，10万欧元以下的税率为6.75%。

消息一出，塞浦路斯民众纷纷涌向银行提取现金，提款机前排成长龙，形势一片混乱。

“这是政府对我们的一次抢劫，这是我一生中最糟糕的时候，这让我想起了1974年土耳其对塞浦路斯的入侵。”一位塞浦路斯人这样评价这件事情。

4月18日，亚太股市及欧洲股市早盘主要股指全线跳水，纽约原油等大宗商品也未逃脱被抛售的厄运，风险资产集体经历

“黑色星期一”。

为防止局势继续恶化，塞浦路斯多家银行在 19 日发出通告，宣布 19 日、20 日临时放假，在线银行业务和国际转账暂停服务。为了缓解塞浦路斯的现金压力，英国空军甚至出动了一架飞机，紧急空运了 100 万欧元到塞浦路斯。

受塞浦路斯事件影响，欧元区的其他国家也出现了不同程度的民众挤兑现象。

在政府和金融机构不再被信任之际，人们急需寻找新的避险资产，于是去中心化的比特币得到了欧洲避险资金的青睐，短短几天时间，比特币价格从 30 多美元飙涨至 265 美元。

这次危机，让主流社会的人们第一次关注到比特币的存在，很多人也由此加入到比特币投资队伍中。

第四节　瑞典海盗党创始人豪赌比特币

海盗党是一个神奇的党派。

“海盗湾（The Pirate Bay）”曾经是世界上最大的专门存储、

分类和搜索 BT 种子文件的网站。该网站 2008 年 1 月的同时在线人数突破 1000 万，但后来却因版权问题被政府取缔。瑞典喜欢 BT 下载的用户认为版权费是过时的法律，阻碍了知识的自由传播，于是他们组织成立了“海盗党”。

该党号召民众投票支持网络自由下载合法化，抵制版权保护，被民间称为“网络盗版党”。如今，海盗党已成为瑞典的第三大党，并且拥有议会席位。

理查德·法尔克维奇（Rickard Falkvinge）是海盗党的创始人。2011 年，他在社交媒体发表文章《为什么我把我的积蓄全部投入到 Bitcoin？》，其中写道：过去的几天，我做了很多关于比特币的思考，最后我决定把我所有的积蓄和我所能借到的所有钱都投到比特币里面。

他列出了三个理由：

1. 过去的 14 个月，比特币对美元的汇率增加了 1000 倍，目前还没迹象表明它将停止或已经饱和。①

2. 使用比特币无须经过任何官方同意，不需要向第三方支付交易费用，没有烦琐的交易手续，而且 24 小时开放。

3. 因为供应是有限的，所以随着越来越多的人用其他货币交

① 这篇博客写于 2011 年 5 月，当时比特币价格大约 8 美元。

换比特币，每一个比特币的价格将呈上升趋势。根据数学计算，未来几年内它的价值至少会有 1000 倍的增加。

第五节　门头沟事件——数字货币第一悬案

比特币诞生后，逐渐被更多人了解并参与交易，市场急需一个让买卖双方可以便捷交易的场所，比特币交易所应运而生。

最早的比特币交易所是成立于 2010 年 2 月的 Bitcoin Market，虽然顶着“全球首家”的名号，但市场反应冷淡，数月之后就因遭受用户欺诈而匆匆落幕。

真正意义上第一家在市场上大受欢迎的交易所是被戏称为“门头沟”的交易所：Mt.Gox（全称：Magic ：The Gathering，Online Exchange）。这家交易所由此后瑞波币和恒星币的创始人之一的杰德·迈克卡勒伯（Jed McCaleb）于 2010 年 7 月 18 日正式创立。

门头沟交易所是迄今为止最著名的交易所之一，曾在很长时间里稳居全球成交额最大的比特币交易所，其交易量在高峰时一度占据全球比特币交易总量的 80% 以上，是当时交易所市场当之无愧的霸主。

2011 年，Jed 将门头沟交易所转让给托管公司 Tibanne，这家托管公司的老板马克·卡佩勒斯（Mark Karpeles）是一位来自法国的胖子，因此被比特币加密社区戏称为“法胖”。

法胖接手后，门头沟交易所在 2011 年连续遭到黑客攻击：4 月，黑客从门头沟盗取 8 万枚比特币；6 月，黑客入侵后，近 26 万枚比特币以 1 美元的价格成交[①]，数千位用户信息泄漏。

不过，尽管安全事故频发，但凭借在业内的多年积累和无可取代的市场地位，门头沟交易所依旧保持了强劲的势头，直到 2014 年。

2014 年 2 月，门头沟交易所的至暗时刻降临。

2 月 7 日，门头沟交易所发布公告称，平台发现大量无效提现请求，暂停一切提现操作来分析原因。

2 月 10 日，门头沟交易所发布公告称已查明原因：提现交易是由于平台存在“交易延展性漏洞”而遭受到“伪造交易 ID 攻击”。简而言之，就是黑客申请提现，在正常交易完成后修改交易 ID，让平台误以为交易失败，重新发送比特币至提现账户，攻击者通过这一方法收到双倍数量的比特币。

---

① 当时比特币交易市场价格超过 10 美元。

2 月 17 日，门头沟交易所声称为了解决该安全问题，平台已采取一系列措施，但提币业务仍被暂停。

2 月 23 日，门头沟交易所突然删除其 Twitter 账户所有帖子。

2 月 24 日，门头沟交易所暂停所有交易活动。

2 月 25 日，门头沟交易所在官网以“最近新闻报道及此次事件的重大影响”为由，决定暂时关闭所有交易。

据一份危机管理草案的内部文件显示，门头沟交易所此次一共被黑客盗取了 744 408 枚比特币。同时，门头沟交易所声称平台自有的 10 万枚比特币也被盗。也就是说，此次一共有近 85 万枚比特币丢失[①]。

经历此次事件，门头沟交易所无法偿还用户丢失的比特币，资不抵债，难以继续经营。2 月 28 日，门头沟交易所在日本东京申请破产保护；3 月 9 日，门头沟交易所在美国申请破产保护。

鉴于当时门头沟交易所在整个数字货币市场的地位和占有率，它的破产，不仅使成千上万的用户损失所有存于该交易所的

---

① 事后门头沟交易所在一个冷钱包账户中找到了 20 万枚丢失比特币，总损失由 85 万枚降至 65 万枚比特币。

比特币，也使得整个市场的信心严重受挫。比特币价格开始剧烈震荡，跌幅达到36%。此后两年，比特币市场愈加低迷，交易量和价格持续走低。

门头沟交易所破产后，日本东京的比特币安全公司WizSec介入案件调查。2015年4月20日，WizSec通过调查各类数据，发布了一份关于门头沟交易所事件的研究报告。

报告指出，门头沟交易所事件不是一次性黑客攻击事件，而是个蓄谋已久的计划。从2011年开始门头沟交易所就已经发生比特币被盗事件，而这些被盗的比特币在门头沟交易所破产时早已通过多个交易平台完成套现。

在门头沟交易所事件之前，法胖就已经得知平台存在漏洞导致比特币被盗，但并未选择第一时间告知用户，而是在2013年的数月时间里，通过操纵一个名为Willy的账号，利用公司资金每隔5—10分钟新建一个账号，然后在门头沟交易所平台购进10—20个比特币，前后大约买了25万枚比特币，希望以此弥补门头沟账户上的亏空。

2015年，法胖因门头沟交易所事件被日本警方拘捕，被指控侵占和挪用公司资金，以及操纵平台个人账户数据。虽然圈内一直流传着法胖监守自盗的言论，但缺乏足够证据来证实这一猜想。

门头沟交易所事件至今仍是加密货币圈内的一大悬案。

2016 年 7 月，法胖被保释出狱，但被要求不得离开日本。而门头沟交易所事件的受害者，在经历四年多的等待后，终于也迎来了希望的曙光。

2018 年 10 月 11 日，门头沟交易所的民事受托人小林明信（Nobuaki Kobayashi）与加密货币交易所 Kraken 运营方 Payward 签署了一份备忘录，这份备忘录“对 Payward 公司接下来的 Mt.Gox 民事善后程序，进行真诚的讨论”。

同时，根据小林明信发布在官网（mtgox.com）的报告显示，他在 2018 年 3 月前共出售了价值 5 亿美元的比特币和比特币现金以满足早期债权人提出的索赔金额；在之后的 3 月至 6 月，小林明信再次出售了价值 2.5 亿美元的代币用于支付诉讼和附带索赔的费用。截至 2018 年 9 月 25 日，门头沟交易所账面共有约 6.4 亿美元，14.16 万个比特币以及 14.28 万个比特币现金。按照破产时每位用户的账户余额（共计 75 万个比特币），当年损失的每个比特币都可获得约 660 美元以及 0.18 个比特币的赔偿。

2019 年 3 月 20 日，日本东京地方法院发布了关于门头沟交易所的调查报告，披露了门头沟交易所的巨量财富；与此同时，债权人和赔付计划也在确认中。

第六节 中国首家数字货币交易所——比特币中国

2011 年，门头沟交易所逐渐坐稳交易所行业的头把交椅，而诞生两年多的比特币也开始正式进入中国市场。

这一年，一个名叫杨林科的年轻人和好友创立了中国的第一家数字货币交易所——比特币中国（BTCC）。虽然比特币中国在创立后的两年一直在夹缝中生存，但它的出现为中国数字货币交易所开启了一个新篇章，留下了浓墨重彩的一笔。

杨林科学历不高，高中毕业后就在汽车配件厂打工，随后应征入伍，度过了两年军旅生活。或许出身温州的他，骨子里就有着独属商人的气质。从军队复员后，杨林科开始创业，先后在北京经营过汗蒸、酒店等，生意一直不温不火。

2011 年 5 月的一天，在与朋友黄笑宇的 QQ 聊天中，杨林科初识比特币。黄笑宇在 2011 年了解比特币后，脑子里一直就构思着中国比特币交易平台的雏形。

当时比特币价格已经冲到了 31 美元，维基解密、自由网、自由软件基金会等组织都宣布开始接受比特币捐赠。门头沟交易所作为世界最大的交易所，已经占据市场 90% 的交易量，国内的数字货币交易者们都是在海外交易，中国交易所市场仍处于完全空白的时期。

有着敏锐市场嗅觉的商人杨林科与好友一拍即合。2011 年 6 月 9 日，国内第一个比特币交易平台——比特币中国正式上线。

Bitcoin 的中文名“比特币”也是在这个时候被杨林科提出来的。

作为国内数字货币的先行者之一，杨林科以布道者的身份向中国人普及关于比特币的常识，在国内开辟出了一个全新的产业——数字货币交易所。

比特币中国创立的前两年，每天只有数百个比特币的交易量，一直处于亏损状态。2013 年 4 月 1 日，比特币价格首次突破 100 美元，越来越多的人涌入比特币市场，比特币中国交易量大增，逐步盈亏平衡，但流量的激增却一度导致交易网站瘫痪。

随着比特币价格一路飙升，越来越多的人进入交易所市场分割蛋糕：3 月，李林成立火币网；6 月，徐明星带领 OKcoin 正式上线；小交易所也如雨后春笋般涌现。

面对愈演愈烈的外部竞争，比特币中国遭遇到前所未有的运营瓶颈，急需接入外部资金。

此时，毕业于斯坦福大学的李启元叩开了比特币中国的办公室大门。有雅虎 8 年高级工程师经验，并曾在沃尔玛担任要职的他主动要求加入比特币中国，称能为公司带来 300 万元人民币融资。这对比特币中国来说，可谓雪中送炭。

2013 年 4 月，李启元加入公司。入职后，李启元兑现承诺，从光速资本融资 500 万美元。同时，李启元从杨林科和黄笑宇手中买了一些股份，借此成为比特币中国的联合创始人和 CEO。

比特币价格炒得火热的大背景下，大量玩家涌入市场，比特币中国顺势获取大量用户资源，平台的全球话语权也水涨船高。

同年 11 月，比特币中国的交易量已经达到近 180 万个比特币，领先排名第二的门头沟交易所近 70 万，成为世界最大的比特币交易平台。

正当比特币中国头顶无上荣耀，享用着先发优势带来的巨大蛋糕时，2013 年 12 月 5 日 15 时 39 分，为“保障人民币的法定货币地位，防范洗钱风险，维护金融稳定”，中国人民银行等五部委联合发布《关于防范比特币风险的通知》，明确比特币不具有与货币等同的法律地位，不能且不应作为货币在市场上流通使用。

比特币价格应声急转直下，下跌近 60%。币圈迎来寒冬，比特币中国又开始了新的征程。

2014 年，杨林科由于家庭和比特币市场低迷等原因离开管理层。而比特币中国的比特币交易业务在李启元的管理下扶摇直上，交易量一度达到顶峰，最高时占据全球比特币交易市场的 48%。

但在随后的岁月里，比特币中国不断遭受后来者的冲击，最终在“九四事件”后，宣布关停所有交易业务。

2018 年 1 月 29 日，比特币中国官方发布消息，称 BTCC 集团公司旗下业务连同其子公司已正式被香港区块链投资基金收购，将继续经营采矿池、Mobi 比特币钱包以及美元 / 比特币兑换三类业务。但此次收购并不包括比特币中国。

2019 年 1 月 2 日，比特币中国官方宣布，杨林科已经正式完成对比特币中国 100% 股权的收购，比特币中国将转型为区块链技术服务实体经济的企业。

第七节 Silk Road 被查封，比特币暴跌 30%

Silk Road 可能是暗网中最有价值的网站，被称为“暗黑淘宝”。你能想到的所有东西在这里都有可能买到。这是一个没有道德下限的世界，只要你情我愿，不管是否合法，都可以完成交易。

创造这个暗黑帝国的乌布利希（Ross Ulbricht）在现实中并

非一个罪大恶极、满脸络腮胡子的中年男子，反而是一个“品学兼优”的好学生。他曾在社交媒体这样描述自己：热爱学习，我的人生目标就是不断拓宽人类知识的边界。

他热衷于尝试新鲜事物。在接触到比特币之后，他深深地被这种加密的、去中心化的、不依附于任何银行的加密数字货币所吸引。他决定干一件“大事”，创建一个经济仿真体，一个没有系统化权力的世界，让人们体验“真正的”自由。

他建立了一个基于比特币这类虚拟货币的地下网站，搜索引擎无法访问，只有通过特殊软件才能进入，并且货币交易过程全部加密。这个网站，就是 2011 年诞生的 Silk Road。

Silk Road dark net 的存在，让比特币成了很多人眼中的黑市货币，与洗钱、犯罪、恐怖融资等字眼挂上了钩。但不可否认的是，该暗网在比特币早期阶段为比特币提供了足够的流动性，使比特币能在真实交易中发挥货币职能并得以存活下来，让更多的人了解到比特币，使比特币的价格在那段时间连续上涨。据维基百科资料，网站曾流通超过 950 万枚比特币，占据了当时比特币流通量的 80%。

然而，在 2013 年 10 月 2 日上午，Silk Road dark net 的创始人乌布利希在美国旧金山的一家公共图书馆蹭网时被捕。

乌布利希被捕的第二天，美国安全局关闭了该暗网服务器，并在网页上留下了一句话：这个隐藏的网站已被联邦调查局查封。

这次抓捕行动使美国安全局缴获了超过 17 400 枚比特币，其中约有 14 400 枚来自乌布利希。后来，这些比特币被美国法警署拍卖，但具体细节从未公开。

Silk Road dark net 的关闭引发了比特币世界的恐慌，乌布利希被捕当天，比特币暴跌 30%。

第八节　比特大陆登顶，制霸矿机市场

2009 年 1 月 3 日，中本聪在位于芬兰赫尔辛基的一个小型服务器上挖出了第一批比特币，伴随这 50 个比特币的出现，比特币正式诞生。

这是比特币历史上最早的挖矿。所谓挖矿，简而言之就是依靠算力生产比特币。按照这种模式，谁拥有的挖矿设备越多、设备性能越强，就有更大概率获得更多比特币。

早期整个比特币网络算力较小，通常使用 CPU（中央处理

器）和 GPU（图形处理器）就能挖出比特币，也就是说，使用普通的计算机就能挖矿。比特币比萨事件中的拉斯洛当时通过 GPU，最多一天能挖到数千枚比特币。

但随着越来越多的人涌入比特币网络，算力总量急剧增加，挖矿难度也随之增大。2012 年，美国蝴蝶实验室声称正在研发一种性能远胜过当时水平的集成电路式（ASIC）矿机。

如果研制成功，蝴蝶实验室将可能凭借这种性能更佳的矿机侵占整个比特币网络，掌控比特币世界超过 51% 的算力。这是极其可怕的情况。因为比特币世界是基于用户共识建立的，掌握比特币超过一半的算力就意味着能够对比特币的区块信息进行篡改，从而控制比特币。

为了维护比特币信仰，嘉楠耘智创始人“南瓜张”张楠赓和“烤猫”蒋信予先后宣布研制 ASIC 矿机。后来，“南瓜张”成了世界上第一个造出 ASIC 矿机的人，“烤猫”是第二个，但“烤猫”率先将 ASIC 矿机投入量产。而当时，蝴蝶实验室的新一代矿机还在研发中。

ASIC 矿机出现后，比特币矿机市场成了中国人的天下，中国在比特币世界的地位水涨船高。

吴忌寒是“烤猫”的早期投资人，也曾花几百万预购“南瓜张”的矿机，但最终却因跳票[①]而没能及时收到货。恰好当时比特币全网算力、价格疯涨，吴忌寒因此间接损失了一大笔钱。

他开始意识到要想不受制于人，必须得自己掌握矿机技术。于是，北大经济学毕业的他和毕业于清华大学的芯片专家詹克团一起创办了比特大陆。

当时，吴忌寒和詹克团达成协议：詹克团不领工资，吴忌寒出资；如果实现了芯片的两个关键性技术指标，整个技术团队可以拿到 60% 的股份。吴忌寒给詹克团的要求只有一个，就是在最短时间内开发出可以高效运行的 ASIC 芯片。

38 岁的詹克团不负众望，仅用了半年时间，就完成了吴忌寒交给他的任务。2013 年 11 月，比特大陆推出 55 纳米的 BTC 芯片 BM1380 和基于该芯片的蚂蚁矿机 S1。由于蚂蚁 S1 相较其他矿机功耗更小，因此受到了广大矿工的欢迎。

但真正让比特大陆走向成功的是 2014 年的比特币寒冬。

2014 年，门头沟交易所事件爆发，比特币世界哀鸿遍野，价格快速跳水，在不到一年的时间内，从最高 1100 美元暴跌至 200 美元。

---

① 跳票，一种金融术语，指因支票账户内没钱，银行无法兑现支票，遂把此空头支票寄还给支票持有人的行为，可以泛指存在各行各业中的一种欺诈现象。这里指矿机产品未能如期完成发布。

比特币价格的暴跌，导致整个挖矿产业也在生死线上徘徊，没有人愿意再花高昂的电费和设备费用挖取价格不断下跌的比特币，矿机市场异常冷清。

在这场“灾难”中，“烤猫”消失了，很多矿机厂商都没能熬过这个冬天。但比特大陆还在坚持迭代矿机，2015 年 11 月，比特大陆发布的新型矿机蚂蚁 S7 开始量产。

当 2015 年下半年市场回暖，春天慢慢到来之际，矿工们突然发现，这个市场上的最佳选择似乎只剩下了比特大陆的蚂蚁 S7。

蚂蚁 S7 矿机是比特大陆甚至整个比特币矿机产业的分水岭之一。相关数据显示，蚂蚁矿机一度占据市场份额的 80% 以上，占据绝对垄断地位。同时，比特大陆直接和间接掌握的算力也被认为超过比特币全网算力的 50% 以上，是当时当之无愧的矿圈霸主。

第九节　以太坊上线，疯狂 ICO 开启

2013 年年末，19 岁的 Vitalik Buterin（业内人称“V 神”）发布了以太坊初版白皮书，正式启动以太坊项目。随后接近两年的时间，以太坊核心开发团队一直致力于白皮书中所描绘愿景的技术实现和社区建设。

根据白皮书，以太坊的发展分成四个阶段，即 Frontier（前沿）、Homestead（家园）、Metropolis（大都会）和 Serenity（宁静）。

2015 年 7 月，以太坊主网正式上线，以太坊正式运行，进入到第一阶段：前沿。这一阶段以太坊主要以开发为主。

2016 年 3 月 14 日，以太坊发布新版本，由此进入第二阶段：家园。相较前沿阶段，家园阶段的以太坊没有明显的技术升级，只是表明以太坊网络已经平稳运行。这一阶段，以太坊不再是开发者专属，普通用户也可以方便地使用和体验以太坊。

自此，以太坊类似操作系统的功能正式被激活，在以太坊上发行代币成了一件简单的事情。以太坊的开发者们提出 ERC20 标准，并制定了 Token 发行规范。

一场基于以太坊的融资变革开始了。

这种融资方式被称为 ICO（Initial Coin Offering，首次代币发行），与股票市场的 IPO（首次公开发行）类似，ICO 是区块链项目通过发行代币进行的一种融资行为。

2016 年 4 月，基于以太坊的去中心化自治组织项目 The DAO 开始众筹。在 28 天的众筹期内，The DAO 筹到超过 1200 万枚以太坊，占当时以太坊数量的 14%，价值高达 1.6 亿美元，成为当年最大的 ICO 项目。

但 The DAO 后因受到黑客攻击，被盗走 360 万枚以太坊，对整个以太坊社区造成了重大打击，导致以太坊价格 24 小时暴跌 30%，最终以解散退回以太币而终止项目。

虽然 The DAO 事件为以太坊 ICO 蒙上了一层阴影，但没能阻挡用户和项目方对以太坊的热情。毕竟，在以太坊出现前，加密数字货币想要从传统融资渠道获得投资是非常困难的，而以太坊的智能合约使得个人发行数字货币获得融资成了一件轻而易举的事情。

2017 年，ICO 进入了疯狂发展的快车道。数据显示，2016 年 ICO 项目仅 29 个，融资金融为 9 千万美元左右，而到了 2017 年，这两个数据已经分别增长至 343 个和近 55 亿美元。

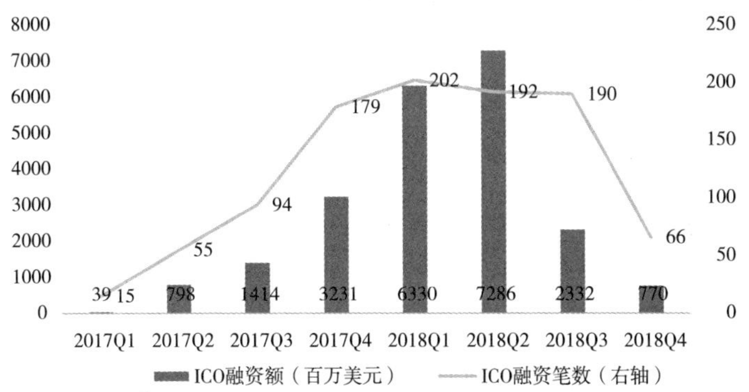

图 4-1　2017—2018 年 ICO 融资额和融资数量走势图

数据来源：零壹智库

高额的投资回报是使 ICO 异常火爆的关键原因：通常一个 ICO 项目登陆交易所后，该项目的代币往往会出现数倍甚至数十倍的涨幅，百倍币、千倍币也并不罕见。用户和资金的涌入，推动着币价持续上涨，同时也刺激着众多项目方纷纷选择 ICO 融资。

但有利益的地方就有欺诈。ICO 为区块链项目方和创业者提供了新型融资渠道的同时，也成了骗子手中欺骗用户、收割韭菜的圈钱机器。

2017 年 ICO 的火热，对许多怀揣“快速实现财富自由”梦想的人而言，犹如打开了沉睡千年的“潘多拉魔盒”。项目方、投资者、交易所和“韭菜”们，“乱哄哄”地“你方作罢我登场”。各种加密数字货币的峰会不断，项目方借“区块链”之名，联合所谓的行业专家大 V 站台、媒体壮势，吸引“韭菜”入场，然后资本拉盘收割，整个币圈天翻地覆。

一出出闹剧、一场场骗局，区块链被打上了炒币、骗钱、空气币、传销币、没有落地项目、割“韭菜”、熊市等种种污名化的标签。

据咨询公司 Satis Group 调查显示，2017 年的 ICO 项目中有 80% 是彻头彻尾的骗局，只有 15% 的 ICO 项目最终在交易所上线了代币，但即便上了交易所能够成功的概率也不足 5%。

ICO 引发的乱象使成千上万的投资者蒙受经济损失，但又维权无门。这种异常且不受监管的融资方式最终受到了监管部门的关注。

第十节 “九四事件”爆发，币圈哀号一片

2017 年 9 月 4 日，中国人民银行、中央网信办、工业和信息化部、工商总局、银监会、证监会、保监会联合发布《关于防范代币发行融资风险的公告》，要求即日起清理整顿并组织清退 ICO 平台。

“九四”禁令的发布改变了整个数字货币行业的方向。公告主要包含以下 6 个要点：

（1）ICO 本质：未经批准、非法公开融资的行为；

（2）ICO 被禁：任何组织和个人不得非法从事代币发行融资活动；

（3）交易所成政策敏感区：加强代币融资交易平台的管理；

（4）金融机构：各金融机构和非银行支付机构不得开展与代币发行融资交易相关的业务；

（5）社会公众：应当高度警惕代币发行融资与交易的风险隐患；

（6）社会组织：充分发挥行业组织的自律作用。

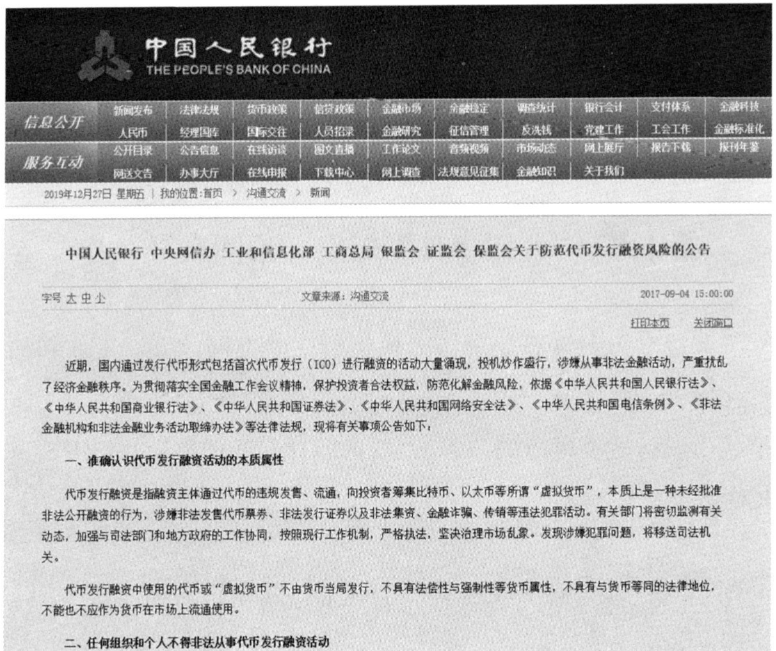

中国人民银行
THE PEOPLE'S BANK OF CHINA

信息公开：新闻发布 法律法规 货币政策 信贷政策 金融市场 金融稳定 调查统计 银行会计 支付体系 金融科技 人民币 经理国库 国际交往 人员招录 金融研究 征信管理 反洗钱 党建工作 工会工作 金融标准化

服务互动：公开目录 公告信息 在线访谈 图文直播 工作论文 音频视频 市场动态 网上展厅 报告下载 报刊年鉴 网送文告 办事大厅 在线申报 下载中心 网上调查 法规意见征集 金融知识 关于我们

2019年12月27日 星期五 | 我的位置：首页 > 沟通交流 > 新闻

中国人民银行 中央网信办 工业和信息化部 工商总局 银监会 证监会 保监会关于防范代币发行融资风险的公告

字号 大 中 小　　文章来源：沟通交流　　2017-09-04 15:00:00

打印本页　关闭窗口

近期，国内通过发行代币形式包括首次代币发行（ICO）进行融资的活动大量涌现，投机炒作盛行，涉嫌从事非法金融活动，严重扰乱了经济金融秩序。为贯彻落实全国金融工作会议精神，保护投资者合法权益，防范化解金融风险，依据《中华人民共和国人民银行法》、《中华人民共和国商业银行法》、《中华人民共和国证券法》、《中华人民共和国网络安全法》、《中华人民共和国电信条例》、《非法金融机构和非法金融业务活动取缔办法》等法律法规，现将有关事项公告如下：

一、准确认识代币发行融资活动的本质属性

代币发行融资是指融资主体通过代币的违规发售、流通，向投资者筹集比特币、以太币等所谓“虚拟货币”，本质上是一种未经批准非法公开融资的行为，涉嫌非法发售代币票券、非法发行证券以及非法集资、金融诈骗、传销等违法犯罪活动。有关部门将密切监测有关动态，加强与司法部门和地方政府的工作协同，按照现行工作机制，严格执法，坚决治理市场乱象。发现涉嫌犯罪问题，将移送司法机关。

代币发行融资中使用的代币或“虚拟货币”不由货币当局发行，不具有法偿性与强制性等货币属性，不具有与货币等同的法律地位，不能也不应作为货币在市场上流通使用。

二、任何组织和个人不得非法从事代币发行融资活动

图 4-2　七部委联合发布《关于防范代币发行融资风险的公告》（部分）

资料来源：中国人民银行官网

2017 年 9 月 6 日，币安交易所官网发布公告，将暂停部分币种的充值提现并限制所有中国大陆 IP 的交易，提现和访问用户中心功能暂时保留，于北京时间 9 月 7 日 0 点系统升级之后生效。

9 月 7 日，监管当局决定关闭中国境内虚拟货币的交易所，涉及以 OKCoin 币行、火币网和比特币中国等为代表的境内所有此前允许虚拟货币与法币交易的交易平台。

9月14日，比特币中国发布公告，称将于9月30日停止所有交易业务。

15日晚，火币网、OKCoin币行、云币网等平台发布公告，停止所有数字货币交易业务，并逐步进行代币清退。

同日，监管部门发布《北京地区虚拟货币交易场所清理整治工作要求》，要求辖区内各交易场所制定清退方案。

“九四”禁令将此前野蛮生长的代币发行市场纳入金融强监管框架。“九四”之后，ICO被禁，项目代币被清退；数字货币交易所或关停，或逃荒海外。

加密数字货币市场瞬间崩溃，绝大多币种一天内下跌50%以上。

“九四”监管后的第一天，PST下跌56%、BAT下跌51%、BTM下跌51%、TNT下跌50.5%、LLT下跌50%、DOC下跌48%、STORJ下跌42%、LRC下跌41.6%……堪称数字货币史上从未有过的悬崖式下跌。

据不完全统计，这一天，币圈10万参与者一夜之间蒸发了1.6亿美元资产，整个数字货币市场市值半个月内下跌超过35%，市值蒸发622亿美元。后来，圈内人将这一天发生的事称为“九四事件”。

“九四”明确了中国政府对于ICO等非法代币融资严格的监管态度。随后的日子里，国家对于ICO和数字货币交易的监管愈加严格：

2018年1月12日，中国互联网金融协会发布《关于防范变相ICO活动的风险提示》；

2018年1月26日，中国互联网金融协会发布《关于防范境外ICO与“虚拟货币”交易风险的提示》；

2018年4月23日，央行表示，对涉嫌非法集资的“虚拟货币”相关行为进行严厉打击；

2018年7月9日，央行公布虚拟货币交易平台与ICO平台退出数据；

2018年8月22日，北京市朝阳区金融社会风险防控工作领导小组办公室发布了《关于禁止承办虚拟币推介活动的通知》；

2018年8月24日，银保监会、中央网信办、公安部、人民银行、市场监管总局联合发布《关于防范以“虚拟货币”“区块链”名义进行非法集资的风险提示》；

……

第十一节　比特币期货推出，比特币泡沫破灭

时间回到 2017 年 12 月。

经过近一年的上涨，比特币价格从 2017 年年初的 1000 美元上涨至 17000 美元左右，市场一片狂热。很多比特币信仰投资者甚至相信，比特币突破 10 万美元也可能即将成为现实。

这段狂欢的最后，伴随着的是芝加哥期权交易所（CBOE）和芝加哥商品交易所（CME）的入场。

2017 年 12 月 1 日，美国商品期货交易委员会（CFTC）正式批准 CME、CBOE 以及 Cantor 交易所的比特币期货上市请求。[①]

随后，CBOE 和 CME 在相差不过一周的时间内，相继宣布推出比特币期货合约。这在当时被视为部分主流机构对一直处于灰色地带的加密货币市场的认可，无疑给狂热的市场又打了一针兴奋剂。

---

① CFTC 的委员会由 5 位委员组成，任期 5 年，且历届 CFTC 的委员均由美国总统直接任命。

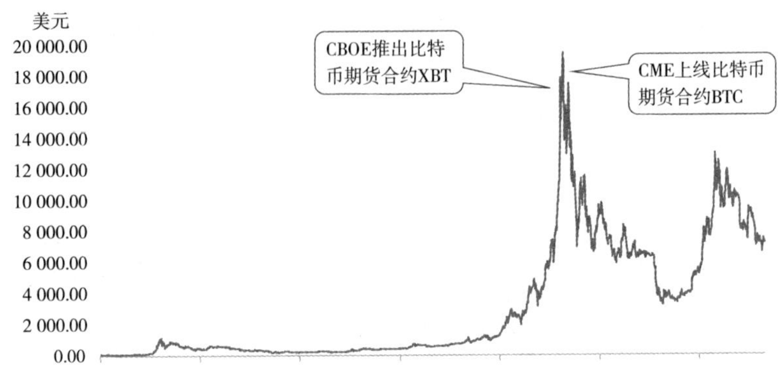

图 4–3 比特币价格波动及期货合约推出节点

资料来源：零壹智库制图

12 月 11 日，CBOE 率先推出比特币期货合约 XBT。

“这些衍生品是真正的游戏改变者，将彻底改变传统的金融领域，提高加密货币的接受度。未来 10 年，加密货币市场将会在涉及的资产和货币方面出现爆炸式增长。”CBOE 全球市场 COO 如此评价比特币期货的意义。

上线首日的火爆场面似乎验证了人们此前的预期。由于上涨速度远超预期且波动较大，当天三次触发熔断，收盘 18 545 美元，大涨近 20%，首日合约成交逾 4100 张，过大的访问量甚至导致 CBOE 网页崩溃。

与此同时，比特币现货价格逼近 18 000 美元，12 月上旬累涨近 79%，创下四年来最大涨幅。

随后的 18 日，CME 正式上线比特币期货交易，开盘价即突破 20 000 美元。

但狂欢后，往往迎来的是无限冷清。当时很多人没想到的是，就在刚过去的 12 月 17 日，比特币现货价格就已经触碰到了迄今为止的历史最高点——19 142 美元。

进入 2018 年，比特币价格开始瀑布式下跌，现货和期货交易量均出现明显下滑：现货交易量缩水超过 80%，CBOE 比特币期货合约产品的交易量也没有超过 10 亿美元。

在触及最高点 19 142 美元整整一年后的 2018 年 12 月 17 日，比特币价格仅剩下 3 280 美元，跌幅超过 83%。

比特币期货合约交易的上市时间，与比特币价格达到历史最高点的时间节点高度重合，这很难仅用巧合二字来形容。

2019 年 10 月，美国商品期货交易委员会（CFTC）前主席 Christopher Giancarlo 在接受采访时透露，美国特朗普政府在 2017 年曾通过允许引入比特币期货产品捅破当时的比特币泡沫。

“在过去几年中一个不广为人知的消息是，CFTC、财政部、SEC 和当时国家经济委员会主任 Gray Cohn 都相信，比特币期货的推出将让比特币泡沫破裂，结果的确如此。”Giancarlo 这样说。

继 CBOE 和 CME 之后，纽约证券交易所（NYSE）的母公司美国洲际交易所（ICE）于 2018 年提出要设立比特币期货和数字资产交易平台 Bakkt。但由于技术服务准备和监管合规等问题，上线时间一再推迟。

直到 2019 年 9 月 22 日，Bakkt 才正式上线交易。与此前普遍以美元交割的比特币期货不同，Bakkt 将采用实物交割（即用比特币进行交割结算）。大部分人因此认为 Bakkt 上线将助推比特币价格上涨。

但 Bakkt 上线后首周对加密货币市场的影响十分有限，比特币的价格反而在其上线后次日经历了近 20% 的下跌。比特币行情的萎靡让 Bakkt 的比特币期货交易量也受到了影响，10 月 8 日达到了自 Bakkt 上线以来比特币月度期货交易量的最低，只实现了 25 个比特币期货的交易。

受比特币价格上涨的影响，10 月 9 日 Bakkt 的比特币期货交易量迎来了爆发式的上涨，当日实现了 224 个比特币期货的交易，较前一交易日上涨了近 800%。

第十二节　算力为王？BCH 硬分叉

2017 年 8 月，为解决比特币扩容问题，在比特币区块高度 478 558 处，第一个 BCH 区块正式被挖出，BCH 正式和 BTC 硬分叉完成，从此分道扬镳。

为了适应社区发展和技术更迭，BCH 社区在从 BTC 中分叉出来之后，决定每半年进行一次“系统更新”。一般来说，如果社区大部分开发者能够对更新达成某种程度的共识，那么一条链就不会永久分裂成两条，也不会有新的加密货币产生。

但在 BCH 分叉出来一年多之后，在 2018 年 11 月的系统升级过程中，BCH 社区内部针对 BCH 未来的发展理念上出现共识破裂，分为了两大阵营：一方是得到比特大陆吴忌寒支持的 BCH 主要开发团队的 Bitcoin ABC（简称 BAB），另一方则是以被戏称为“澳洲中本聪”的 CSW（Craig. S. Wright）领衔的团队极力宣传的 Bitcoin SV（Bitcoin Satoshi's Vision，比特币中本聪愿景，简称 BSV）。

BSV 的支持者希望实现中本聪最初为比特币设定的美好愿景，认为要不断增加区块大小，但不能增加额外的操作码，让底层协议尽可能稳定。

而 BAB 的支持者认为 BCH 需要不断保持更新状态，以适应区块链技术和加密货币市场的发展变化，同时他们也希望 BCH 网络能像以太坊一样部署智能合约。

吴忌寒和 CSW 此前曾共同推动 BCH 从 BTC 中分叉，但这次却站在了对立面。分叉到来前的数月时间内，双方唇枪舌剑，互不相让。CSW 甚至叫嚣：“我打算用钱摧毁比特大陆，我是亿万富翁，我有足够的钱来烧。”

一场充满硝烟味的“算力大战”开始了。

BAB 背靠吴忌寒的比特大陆，拥有 BTC.COM、蚂蚁矿池、ViaBTC 等矿池的支持；CSW 一直宣称自己拥有足够的资金，能用资金购买算力支撑这场战争，他们的支持者中也有 Coingeek、SVPool、BMGpool 等矿池提供算力。双方几乎都各自占据了比特币网络的 1/4 算力，这场代表着两个利益集团的算力大战在一次次的叫嚣中已经一触即发。

11 月 6 日凌晨，BCH 开始实施协议升级。很多人半夜盯在电脑前围观这场战斗，但却发现雷声大雨点小，并未出现双方你来我往的激烈交锋。

但 BCH 还是成功分叉为了 BAB 和 BSV，两条链从此沿着自己的设定路线走下去，互不相关。

分叉完成后，吴忌寒在社交媒体发了一条消息：“在这个新的区块之后，BCH 社区中将不再有捣乱分子了！”

作为回应，CSW 也在社交媒体发布动态：“提醒一下，算力比赛是马拉松比赛，而不是冲刺比赛。永远不要太早就认为看到了胜利。”

这场算力大战虽没有想象中那样激烈，但却成为了数字货币市场新一轮下跌行情的导火索：2018 年年底，比特币价格从 6000 美元暴跌至 3000 美元，其他各类代币也出现不同程度的下跌。

第十三节　矿机市场新格局：嘉楠耘智成功上市，比特大陆陷入内乱

在比特币淘金热潮中，比特大陆、嘉楠耘智和亿邦国际成为了全球矿机厂商的三大巨头，三家一度占据全球矿机市场 90% 以上的份额。

据后来招股书透露，比特大陆 2017 年营收 143 亿元人民币，净利润达到 35 亿元人民币，而在 2016 年比特大陆的净利润仅仅

为 6.6 亿元人民币。

嘉楠耘智营收由 2015 年的 4770 万元人民币增长至 2017 年的 13.08 亿元人民币，复合年增长率高达 423.7%；净利润也由 2015 年的 150 万元人民币上涨至 2017 年的 3.6 亿元人民币，复合年增长率为 1445.4%。

亿邦国际同样增长强劲。从 2015 年至 2017 年的营收分别为 9 214 万元人民币、12 077.5 万元人民币、97 869.9 万元人民币，2017 年的营收较 2016 年增加了 710.35%，净赚约 3.8 亿元人民币。

虽然经营业绩在过去数年突飞猛进，但或许是看到了矿机业务的局限，再加上来自市场与监管的多方压力，进入 2018 年以来，三大矿机厂商相继踏上了上市之路。

2018 年，三大矿机厂商纷纷向港交所递交招股说明书，寻求上市契机，但最终全以失败告终。

港股折戟之后，三大矿机厂商纷纷将目光转向了美股市场。

2019 年 10 月 29 日，嘉楠耘智正式向美国证券交易委员会递交招股文件，拟以发行 ADS（美国存托股份）的形式在纳斯达克上市，拟募资不超过 4 亿美元。

11 月 21 日，嘉楠耘智（嘉楠科技）正式挂牌纳斯达克。嘉楠科技此次上市初始发行价为 9 美元，初始供应量为 1000 万，筹资金额为 9000 万美元。

嘉楠科技成功登陆纳斯达克，成了区块链世界的名副其实的矿机第一股。而此前屡屡压制嘉楠耘智的比特大陆，却在几乎相同的时间节点，陷入激烈的“内斗”旋涡中。

10 月 28 日，比特大陆工商登记信息发生重大变更，董事长詹克团卸任比特大陆法定代表人，由比特大陆联合创始人吴忌寒担任。

10 月 29 日中午 11 点 59 分，比特大陆法定代表人、联合创始人兼执行董事吴忌寒向公司全体职员发公开邮件，决定解除前执行董事詹克团在公司的一切职务。同时，邮件中吴忌寒要求公司所有员工不得执行詹克团的指令，也不得与詹克团接触参加会议等，否则有被公司开除甚至追究法律责任的可能。

这封全员公开信将公司高层持续较长时间的矛盾彻底公开化。在吴忌寒宣布解除詹克团一切职务之后，比特大陆召开全体员工大会。会上，吴忌寒对员工表示：“我必须回来拯救这家公司。”

而被卸任一切职务的詹克团，当时还远在千里之外的深圳参加发布会。当他回来的时候，已被禁止进入比特大陆公司的办公室。

作为曾经的战友，吴忌寒和詹克团一起创立了比特大陆，并在很长一段时间里同时担任公司 CEO。那段时间，吴忌寒主外，主要负责矿机市场和数字货币相关工作；詹克团主内，负责技术研发突破。吴忌寒和詹克团，一外一内，共同推动着比特大陆的快速发展。

对公司战略规划的不同成为两人矛盾的起点。作为中国区块链最早的布道者、比特币白皮书中文版的翻译者和 BCH 社区的推动者，吴忌寒一直希望继续推动比特大陆在矿机和数字货币领域的发展，而技术出身的詹克团则寄希望于 AI 芯片，为公司博取上市契机。

2018 年 12 月，两人的矛盾达到顶点。当时比特大陆决定进行一轮大规模裁员拯救危机中的公司，吴忌寒推动了这一举措，但詹克团一次又一次反对并尝试阻止裁员。最终詹克团失败了，但两人都做出让步，同时卸任公司 CEO，由公司内部高管王海超担任 CEO。

两人约定不再干预比特大陆运营工作，仅对公司重大事项做决策。当时，两人遵守该约定后暂时离开比特大陆，但不久后詹克团重回比特大陆干涉公司管理事务。吴忌寒曾对此事表示过不满，而公司内部对詹克团的管理方式也不太认同，矿业客户也对开展的合作感到不满，曾引发比特大陆市场部和矿机部的中层以及普通员工相继离职，公司内部人心惶惶，开始呼唤吴忌寒重新执掌大局。

吴忌寒是比特大陆的“门面”，但詹克团才是比特大陆最大的股东[①]。这场比特大陆的“内斗”还远没结束。但不论谁胜出，比特大陆都会再次重整旗鼓，向美股发起冲击。

身为三大巨头之一的亿邦国际，涉嫌卷入 5.2 亿元的非法集资案，同时其发布的核心矿机也因质量问题饱受质疑，甚至与客户对簿公堂，陷入困境。

经过 2019 年的动荡与不安，矿机市场的格局已经悄然改变。比特大陆因内耗丧失绝对领先地位，神马、芯动等趁势攻城拔寨，已经成为不可小觑的一股力量。

未来的矿机市场，究竟是比特大陆在吴忌寒的带领下重新登顶，还是新王登基，都需要等待时间的答案。而 2020 年比特币产量减半之时[②]，或许就是答案揭晓的时刻。

---

① 根据此前比特大陆向港交所递交的招股书，詹克团持股 36%，吴忌寒持股比例仅为 20.25%。

② 按比特币白皮书设计，每四年比特币产量减半，2020 年上半年将迎来第三次减半，每个区块的比特币奖励将从 12.5 枚减至 6.25 枚。

如果以 2009 年中本聪挖出第一个比特币区块为起点，到 2019 年，比特币及其衍生出来的加密数字货币世界已经走过了 11 年。11 年间，虽经历诸多“至暗时刻”，但这里也始终承载着无数人的梦想与希望。

不可否认的是，加密数字货币世界，时至今日依然小众，也处处充斥未知。

在这里，有人一夜财富自由，有人刹那倾家荡产。

闭眼时，仍是盛夏；睁眼，已然寒冬。

从莺歌燕舞到血流成河，以比特币为代表的民间数字货币走过了不同寻常的 11 年。

而这些故事，未完待续……

第五章　新阶段：机构数字货币

十年间，以比特币为代表的加密数字货币已经衍生出数千个变种，但因缺乏足够的实体经济支撑和信用背书，价格波动较大，投机行为严重，难以被广泛应用。

机构数字货币开启了数字货币发展的新阶段。花旗银行、高盛、摩根大通、三菱日联金融集团、富国银行等知名金融机构争相入场，Facebook 主导的数字货币项目 Libra 的推出更是将机构数字货币推向了高潮。

机构数字货币指具有商业基础的机构发行的数字货币。相较于民间私有数字货币，机构数字货币由公众信任的机构进行信用背书，具有规模化的用户基础，并以可审计的金融资产为支撑，配以高效完善的金融交易基础设施，更有可能成为通用的数字金融工具，实现广泛流通。

第一节　花旗银行—Citicoin

比特币带来的威胁将会推动国家数字货币的崛起。

——花旗银行 CEO Michael Corbat

2015 年，美国花旗银行开发了三个区块链系统，并在上面测试运行一种名为花旗币（Citicoin）的数字货币。根据花旗银行的官方介绍，这三个区块链系统是三个独立的系统，当时处于测试阶段，没有真正用于管理资金。

花旗银行希望通过区块链技术简化跨境支付流程。但由于当时人们认为，银行对区块链的底层技术并不了解，但又担心比特币会对自身的金融能力产生冲击，于是试图通过发行数字货币来“击垮”比特币。

2019 年，花旗银行再一次宣布了他们对于利用区块链构建全球支付系统的野心。目前，花旗银行主要探索区块链在贸易融资领域的应用，未来还会扩展到外汇交易，但并未对数字货币做出说明。

第二节　高盛—SETL Coin

我没有投资比特币，但我不愿意贬低它，所以我对它持开放态度。

——高盛集团 CEO Lloyd Blankfein

2015 年 12 月，高盛开始申请 SETL Coin 相关专利，专利内容包括使用 SETL Coin 购买谷歌、微软等企业的数字化股票，以及换取比特币、莱特币等数字货币。2017 年 7 月，高盛数字货币 SETL Coin 成为首个获得美国专利商标局认定的数字货币专利。

数字货币 SETL Coin 主要用于证券交易系统，目的是解决当前清算系统花费时间较长的问题。

根据高盛官方解释，基于 SETL Coin 的证券交易系统可以实现即时清算，没有传统清算方式带来的风险。但对于 SETL Coin 的具体工作原理，高盛并没有给出具体解释。

第三节　摩根大通—JPM Coin

比特币是一场骗局，比当年的郁金香泡沫还要糟糕。

——摩根大通总裁 Jamie Dimon

一、摩根币简介

2019 年 2 月 4 日，美国最大商业银行摩根大通（JP Morgan）宣布推出摩根币（JPM Coin）。

摩根币主要面向 B 端机构用户，只有经过监管审查的摩根大通的大型机构客户（如公司、银行和经纪自营商等）才能获得和使用摩根币，大众投资者无法参与。

运行环境上，摩根币将选择在摩根大通开发的私有链项目 Quarum 上发行。Quarum 使用以太坊协议，也因此被称为“企业版以太坊”，可支持发行基于实体资产的数字资产。根据摩根大通官方资料，摩根币随后将可能会拓展到其他区块链平台，可在所有标准区块链网络上运行。

摩根币没有设置明确的发行总量上限。发行模式与 USDT 等抵押型稳定币类似：通过与美元挂钩，实现与美元 1∶1 兑换，即 1 个摩根币价值相当于 1 美元。

摩根币主要用于机构间的即时支付场景。摩根大通希望通过摩根币降低客户的交易对手和结算风险、降低资本要求和实现即时价值转移，为区块链技术应用带来显著改变。

从摩根币的工作原理看，JPM Coin 的使用主要分为三个步骤：

（1）摩根大通的机构客户将存款存入指定账户后，收到等量的摩根币；

（2）摩根币通过区块链网络，被客户用于与摩根大通的其他客户进行支付交易；

（3）收到摩根币的机构客户可以在摩根大通将其兑换成美元。

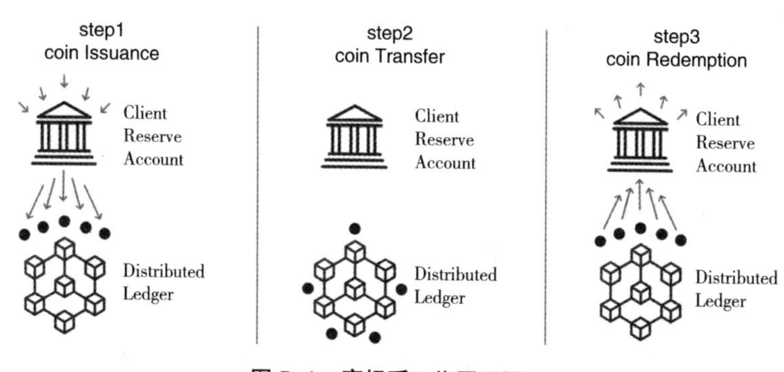

图 5–1　摩根币工作原理图

资料来源：摩根大通官网

监管方面，摩根币 2019 年 2 月时仍处于模型开发阶段。但摩根大通表示，将积极接受监管，征求监管部门的相关意见，并完成任何必要的批准。

在 2019 年的“JP Morgan Chase 2019 Investor Day”上，摩根大通对该项目进行披露称，这是摩根大通以国际结算领域为核心的重要项目，并有望在近期开始试运行。

二、摩根币与法定货币、其他数字货币的区别

摩根大通新推出的加密货币跟区块链或者数字货币有什么关系？它是私有化的，并非公开的；是许可式的，并非无须许可的；其基于受信权威来验证交易，并非去信任化的；其是中心化的，并非去中心化的。把摩根币称作加密货币就是一个笑话。

——末日博士[①]

1. 对比法定货币

法定货币简称“法币”，是国家以法律形式赋予其强制流通使用权的货币，通常由国家央行直接发行或授权商业机构发行，在法律上拥有无限偿付性。

摩根大通在官方资料中明确表示，摩根币本身不是法定货币，而是一种数字形式的Token，只是在发行上与美元挂钩。

2. 对比稳定币

摩根币和一般抵押型稳定币虽均与美元锚定，但在设计上却存在诸多不同：

① 努里尔·鲁比尼（Nouriel Roubini，1959年3月29日—），美国著名经济学家。他在2006年全球经济看似仍在增长之时，就开始预言一场危机正在酝酿，因此被媒体冠以Doctor Doom（末日博士）的称号。

（1）一般抵押型稳定币的区块链账本是公开透明的，任何用户均可上链查询，而摩根币却是需要授权许可才可查看；

（2）一般抵押型稳定币的用户可以是所有人，但摩根币只有通过摩根大通授权的机构客户才能拥有和交易；

（3）一般抵押型稳定币的抵押资产多存放在第三方机构，而摩根大通由于其本身就是美国最大的银行，其抵押资产存在于自家商业体系内。

3. 对比瑞波币

摩根大通宣布推出摩根币后，不少人认为其更接近于基于 Ripple 协议的瑞波币（XRP）。

前文介绍过，Ripple 是类似于 SWIFT（环球同业银行金融电讯协会）的区块链系统，瑞波币是该系统内运行的流通的数字货币。用户可以通过网关（资金出入口，一般指银行或金融机构）将任意法定货币或数字货币兑换成瑞波币，然后支付给收款方。收款方可在收到瑞波币后，再将其兑换成任意币种。Ripple 目前的用途是作为全球银行间跨境支付的清算工具。

摩根币的运作流程与瑞波币类似，但在发行机制、发行总量、目标客户及底层技术方面存在一定差异。

第四节　Facebook—Libra

我们的世界真正需要一套可靠的数字货币和金融基础设施，两者结合起来必须能兑现“货币互联网”的承诺。

——Libra 白皮书

一、Libra 简介

2019 年 6 月 18 日，Facebook 发布 Libra 白皮书。Libra 是由 Facebook 主导发行的、以区块链技术为基础的、由专门协会机构管理的数字货币。Libra 的使命是建立一套简单的、无国界的货币，是服务于数十亿人的金融基础设施。

具体来看，Libra 主要由三部分组成：

（1）建立在安全、可扩展和可靠的区块链网络基础上；

（2）以赋予其内在价值的资产储备为后盾；

（3）由独立的 Libra 协会治理，该协会的任务是促进此金融生态系统的发展。

它们将共同作用，希望创造一个更加普惠的金融体系。

二、Libra 治理模式

Libra 由 Facebook 发起，但由 Libra 协会负责运营管理。

Libra 协会是一家总部位于瑞士日内瓦，独立的非营利性会员制组织。协会成员由 Libra 协会网络的验证者节点组成，旨在协调和提供网络与资产储备的管理框架，并牵头进行能产生社会影响力的资助，为普惠金融提供支持。

Libra 协会未来将是一个由 100 家独立成员构成的监管实体，目前已经包含了 Uber、Paypal、Visa、Coinbase 等机构在内的 28 家创始成员[①]，涉及支付、电信、风投、区块链业等诸多领域。

表 5–1　Libra 协会初始成员

行业	机构
支付业	Mastercard（已退出）、Mercado Pago（已退出）、PayPal（已退出）、PayU（Naspers 旗下的金融科技公司）、Stripe（已退出）、Visa（已退出）
技术和交易平台	Booking Holdings、eBay、Facebook/Calibra、Farfetch、Lyft、Spotify AB、Uber Technologies, Inc.
电信业	Iliad、Vodafone Group
区块链业	Anchorage、Bison Trails、Coinbase,Inc.、Xapo Holdings Limited
风险投资业	Andreessen Horowitz、Breakthrough Initiatives、Ribbit Capital、Thrive Capital、Union Square Ventures
非营利组织，多边组织和学术机构	Creative Destruction Lab、Kiva、Mercy Corps、Women's World Banking

资料来源：Libra 白皮书

① 2019 年 10 月，PayPal、Visa、Mastercard、Stripe、eBay、Mercado Pago 等机构先后宣布退出 Libra 协会。

根据 Libra 白皮书，Facebook 在 2019 年结束之前在 Libra 协会保持领导者角色，日后将成为一名普通的创始成员。白皮书强调，所有决策将由协会理事会做出，重要政策或技术性决策更需要超过三分之二的成员投票表决同意才能通过。同时，储备资产将在具有投资级信用评价的保管网络中进行分散保管，以限制交易对手风险。

另外，按照 Libra 协会要求，每个加入 Libra 协会的成员机构需要缴纳 1000 万美元的会员费。但据外媒报道，截至 2019 年 12 月，Libra 协会并未收到 21 家协会创始成员的资金，整个协会所有的运营经费仍由 Facebook 承担。

三、Libra 货币特征

Libra 的价值与一篮子法定货币有效挂钩，一篮子法定货币的结构为美元 50%、欧元 18%、日元 14%、英镑 11%、新加坡元 7%。每一枚发行的 Libra 都使用真实的储备资产作为担保，同时由全球众多有竞争力的交易所及其他流动性提供商提供兑换支持。

用户如需创造新的 Libra 币，必须使用法定货币按 1∶1 比例购买 Libra，并将该法定货币转入储备。

在发行数量上，Libra 未设发行上限。

流通范围方面，Libra 或以 Facebook 全球 27 亿用户为基础，逐步扩大流通范围。

四、Libra 核心技术

目前，Libra 区块链设计可以被视作为“联盟链”的一种，即白皮书中所说的“许可型区块链”。Libra 使用的核心技术主要涉及 Move 编程语言、拜占庭容错（BFT）共识机制和区块链数据结构三方面。

Move 是一种具有安全性和可靠性的编程语言。第一，Move 从设计上可防止数字资产被复制；第二，可以自动验证交易是否满足条件；第三，可以执行 Libra 生态系统的管理政策，比如对 Libra 货币和验证者节点网络的管理。

Libra 采用基于 Libra BFT 共识协议的 BFT 机制，当三分之一节点发生故障时，其依然可以确保网络正常运行。

为了保障所存储的交易数据的安全，Libra 使用梅克尔树的数据存储结构。梅克尔树可以防止存储的交易数据被篡改，只要数中的一个节点被篡改就会出现校验失败。

技术进展方面，2019 年 12 月，Libra 官方博客发布支持 Libra 网络的 Libra Core 的第二版路线图。第二版路线图介绍了最新的技术进展。官方博客称第二版路线图的目标是执行路线图、定义第一版的发布要求、为非技术人员修改 Pre-mainnet 方式并增加社区参与。

同时，另有消息称，Facebook 已经在内部开始使用 Libra。据了解，Facebook 之前设立了 Calibra 部门来开发 Libra 数字钱包和其他服务。在这个团队中，如果某个员工开会迟到，这个人将被开出 Libra 罚金，不过这些 Libra 的记录存在于一个“测试网络”上，没有法定货币储备基金的支持，所以它们基本上是一种小范围的垄断货币。

五、各国对 Libra 的态度

Libra 自推出以来，饱受各国监管质疑。尽管 Libra 项目负责人大卫·马库斯（David Marcus）曾多次在公开场合强调，Libra 无意与各国主权货币竞争且不会干涉国家货币政策，但一些国家仍对其超主权货币定位抱有较大敌意，担心其会对现有金融体系产生冲击。

目前，各国对于 Libra 的监管态度偏向于谨慎，除德国、法国等表示明确禁止 Libra 外，其他国家的态度也偏向中立。

1. 消极型国家

法国：法国财政部长布鲁诺·勒梅尔表示非常担心 Facebook

对国家货币主权构成威胁，他们计划阻止数字货币 Libra、更不能授权在欧洲土地上开发 Libra。

德国：德国财政部长肖尔茨坚持欧元是欧元区唯一合法的支付手段，并表示发币是国家主权的核心要素，私人公司没有权力发行货币。

澳大利亚：澳大利亚储备银行行长菲利普·洛威（Philip Lowe）表示 Libra 在被广泛使用前存在很多监管问题，澳大利亚监管层必须确保 Libra 足够稳定才能考虑接受。

日本：日本央行行长黑田东彦认为 Libra 作为由“一篮子”法定货币和政府证券支持的加密货币，将很难被监管，并将对现有的金融体系造成风险。

2. 中立性国家

美国：美国监管机构对 Libra 存在较大质疑。美联储主席杰罗姆·鲍威尔（Jerome Powell）表示在 Facebook 详细说明如何处理一系列监管问题之前，不应允许其推出数字货币 Libra。美国财政部长 Steve Mnuchin 表示美国欢迎负责任的创新，包括可能改善金融体系的技术，但是加密货币首要目标应该是保护金融体系免受滥用，因此 Facebook Libra 必须制定适当的保障措施。

2019 年 7 月 16—17 日，美国参议院银行、住房和城市事务委员会和美国众议院就数字货币 Libra 举行了听证会。在听证会上，议员对 Facebook 公司普遍持不信任态度，称 Facebook 发币是妄想，Libra 一旦推出，会严重威胁个人隐私和财产安全，影响金融系统稳定。

英国：英国财政部长 Philip Hammond 表示，应该由监管机构而不是立法者决定如何监管 Facebook 的数字货币 Libra。如果 Libra 在接受监管后得到适当的调节，它可能会是一个非常积极的项目。英格兰银行行长表示，英国央行将以开放的态度接近 Libra，但不能成为“一扇敞开的大门”。

瑞士：Facebook 在白皮书中指出 Libra 协会总部将设在瑞士日内瓦，瑞士监管机构要求 Libra 协会告知该项目的信息，以便其对监督程度和适用条例进行评估。美国众议院金融服务委员会代表团曾会见瑞士国际金融事务国家秘书处（SIF）、联邦数据保护和信息专员（FDPIC）、金融市场监管局（FINMA）等监管机构，双方就 Libra 监管问题进行了讨论。

新加坡：新加坡金融管理局局长指出，Libra 存在潜在利益，比如支付成本更低、支持无银行账户群体等，但监管机构仍需了解其系统如何运作，并表示新加坡在做出监管决定前，须向其寻求安全和隐私问题的保证。

六、最新进展：Libra 白皮书 2.0 的四大改变

2020 年 4 月 16 日，Libra 发布白皮书 2.0 版本。这是自 2019 年 6 月第一版白皮书发布后最大的一次更新。

新版白皮书中，Libra 协会表示："我们已经与世界各地的监管机构、央行行长们、官员们以及各种利益相关方合作，以确定将区块链技术与公认的监管框架相结合的最佳方法。我们的目标是使 Libra 支付系统与本地货币和宏观审慎政策顺利集成，并通过启用新功能、大幅度降低成本和促进金融包容性来对现有货币进行补充。"

为解决监管问题，Libra 协会在新版白皮书中对 Libra 项目主要进行了四个方面的改变：

1. 除了提供锚定一篮子法币的币种外，还将提供锚定单一法币的稳定币。

2. 通过强大的合规性框架提高 Libra 支付系统的安全性。

3. 在保持其主要经济特性的同时，放弃向无许可公有链系统的过渡计划。

4. 为 Libra 的资产储备建立强大的保护措施。

这些改变被视为Libra对监管的妥协，以证明自己对现有金融体系的发展是有益的，而非令人不安的颠覆。Libra协会将与各国监管部门开展进一步合作，并希望能与各国央行数字货币进行交互。随着各国央行开发出央行数字货币，这些央行数字货币可以直接与Libra网络集成，从而消除Libra网络管理相关储备金的需要，这可以降低信贷和托管风险。例如，如果一家中央银行开发了美元、欧元或英镑的数字表示，协会可以用这些央行数字货币取代适用的单货币稳定币。

就在新版白皮书公布的同一天，据媒体报道，Libra协会正式向瑞士金融市场管理局（FINMA）申请Libra支付系统牌照。FINMA表示，已经开始了对Libra协会的许可过程，并且一直与瑞士国家银行和来自世界各地的20多个监管机构与央行保持密切联系。FINMA对Libra项目许可程序的持续时间以及结果保持开放态度。

第五节　三菱日联金融集团—MUFG Coin

日本三菱日联金融集团曾计划最早于2019年开始测试数字货币三菱日联币（MUFG Coin）。三菱日联币可与日元1∶1兑换，用户可以通过下载数字钱包，实现三菱日联币和法定货币间的兑换。

三菱日联币主要发挥货币职能，可应用于餐馆、便利店等日常交易场景支付，也可用于不同账户间的转账。测试阶段，三菱日联币将会有 10 万名用户参与。

MUFG Coin 的交易由三菱日联银行负责，但对于具体运作流程，三菱日联金融集团并没有明确解释。

第六节　富国银行—Wells Fargo Digital Cash

2019 年 9 月，美国富国银行宣布将在其区块链平台上试运行自己的数字货币富国银行数字现金（Wells Fargo Digital Cash）。

目前，富国银行数字现金与美元挂钩，未来还会扩大到其他货币，主要用于银行内部分支机构间的相互结算。富国银行数字现金将于 2020 年试行结算流程，现在已经利用其在美国和加拿大的分支机构间实现了跨境结算。

技术应用上，富国银行的区块链平台是基于 R3[①] 的企业版付

① R3 区块链联盟（R3CEV）是一家总部位于纽约的区块链创业公司。由其发起的 R3 区块链联盟，至今已吸引了 42 家巨头银行的参与，其中包括富国银行、美国银行、纽约梅隆银行、花旗银行、德国商业银行、德意志银行、汇丰银行、三菱 UFJ 金融集团、摩根士丹利、澳大利亚国民银行、加拿大皇家银行、瑞典北欧斯安银行（SEB）、法国兴业银行等。

费区块链平台 Corda 开发的。Corda 是主要为金融机构服务的区块链平台，在符合监管标准的前提下，一方面，可以实现交易数据的保密性；另一方面，可以帮助银行扩大交易规模。

第六章　全球法定数字货币的热潮

Facebook 想要通过 Libra“建立一套简单的、无国界的货币和为数十亿人服务的金融基础设施”。这一十分大胆的构想引起了多国监管部门的警惕，不仅因为 Facebook 曾在用户隐私保护方面出现过丑闻，更重要的是，人们并不清楚全球货币金融秩序是否会因 Libra 而变得不再稳定。

在过去的 10 余年间，我们看到私人数字货币（如比特币）在全球范围内受到了广泛的关注。在过去的数年里，各国央行始终在观察数字货币的发展并对其可能产生的影响进行深入的研究，甚至开始考虑发行法定数字货币的可能性，或者像委内瑞拉一样已经发行了法定数字货币。

而 Facebook 主导的 Libra 项目则直接助推了各国央行对法定数字货币的研究和开发进程。根据零壹智库对 29 个国家法定数字货币现状的统计，截至 2019 年 10 月，目前全球已经有 6 个国家发行了自己的法定数字货币，8 个国家有明确推出法定数字货币的计划，9 个国家仍在对发行法定数字货币做深入的研究。

中国人民银行数字货币研究所所长穆长春表示，“为了保护自己的货币主权和法币地位”，“未雨绸缪”，中国在法定数字货币的发行上已经做了很多准备工作。

第一节　什么是法定数字货币

法定数字货币也称为央行数字货币，是由一国中央银行根据政府法令以数字化形式发行的电子货币。对很多人来说，数字化的法定货币可能还是个新鲜事物，但对大部分国家的央行来说，“数字货币”的概念已经不算新鲜了。因为大多数中央银行经管的货币已经实现了数字化，例如所有商业银行在中央银行的存款或储备在中央银行的账户上其实就是展现资金价值的数字。

法定数字货币本身的革新性或者体现其价值的一面在于可以大大降低货币的发行、流通和管理成本，个人和企业也可以通过在日常生活中以及各类商业场景中通过使用法定数字货币提高交易的效率。

第二节 为什么各国央行要推动法定数字货币研究

在 3 世纪的罗马，西弗勒斯·亚历山大大帝的首席法律顾问保卢斯用现代货币经济学家普遍熟悉的术语描述了政府发行货币的基本原理。他写道，货币是商品和服务定价的计量单位、一种价值存储的方法以及一种促进经济和金融交易的交换媒介。当时的保卢斯就已经认识到货币的效用取决于它的名义数量，而不是它的物质实体，并且其能否为公众所接受更取决于公众对政府管理货币体系的信心。因此，数字货币为政府管理货币体系提供的多种便利成了各国央行致力于法定数字货币研究和发行的重要因素之一。

法定数字货币为政府对货币体系的管理提供的便利性主要体现在两个方面。

一方面，法定数字货币支持“点对点”的支付结算，可以提高市场参与者的资金流动性。当法定数字货币的这一优势辐射至不同的市场参与者时，不同金融市场之间的资金流动性以及单个金融市场的流动性就得到了提高，从而降低了整个金融体系的利率水平，使利率期限结构更平滑合理，货币政策利率传导机制更顺畅。同时，法定数字货币也将提升中央银行对货币发行和流通的控制力，有利于货币政策的有效运作和传导。

另一方面，当法定数字货币在全社会被普遍接受和使用后，由于数字货币流通可被追踪，经济活动的透明度将大大提高，在这种情况下，央行可以掌握经济活动中的交易情况，对逃税和洗钱等犯罪活动进行有效监测。

除去法定数字货币为央行货币体系管理带来的便利性，从各国的实践中我们也可以一窥央行对发行法定数字货币的现实需求，这些需求基本可以归纳为三点。

第一，抵制他国经济制裁。有这类现实需求的国家以委内瑞拉为代表，由于受到美国的经济制裁，整个委内瑞拉的国家经济深陷危机。其传统的货币体系处于崩溃边缘，通货膨胀日益严重，且又无法通过传统金融手段从外界获得援助。为了打破封锁，与委内瑞拉类似的国家寄希望于诸如数字货币这类无国界的价值储备工具，并将其视为国际上融资的一种新方式。

第二，减少对美元的依赖。以马绍尔群岛为代表的这类国家多以美元作为政府货币，国内经济的发展严重受制于美元。此外，美联储的加息周期一出，全球不少国家的货币就要被“牵着鼻子走”，货币贬值便成了摆脱不了的魔咒。2018 年 10 月，受美联储加息影响，阿根廷比索和土耳其里拉兑美元汇率应声下跌，跌幅分别达 50.8% 和 30%。对于为了参与国际贸易而不得不依赖美元的国家来说，引入一种由央行发行的法定数字货币或许有助于减少对美元的依赖，以期更好地维护现有货币体系的稳定，将经济主权牢牢掌握在自己手中。

第三，以金融科技推动现有货币体系的改善。如新加坡希望通过数字货币来促进跨境支付；以色列则是为了掌握国内的黑市情况及解决偷税漏税问题。包括中国、俄罗斯、新加坡、以色列等在内的多国在稳定的国内经济基础上，希望通过发展金融科技把握未来经济发展的主动权，以法定数字货币的发行补充或改善现有货币体系。

第三节　各国对法定数字货币的态度及进展

2019 年 1 月，国际清算银行发布了一项关于数字货币研究现状的调查报告，报告涵盖了全球 63 家央行对发行数字货币的态度、研究原因和研究进展。

调查显示，在 63 家接受调查的央行中，有 70% 的央行正在对法定数字货币的发行开展研究工作。尽管众多央行都在对法定数字货币进行研究，但还没有太多央行开始着手推进法定数字货币的发行和流通，大部分央行当前对此持谨慎和观望的态度。

一、已经发行了法定数字货币的国家和地区

马绍尔群岛 SOV：首个去中心化的法定数字货币

2018 年 2 月，南太平洋主权国家马绍尔群岛颁布了《2018

年主权加密货币法案》，宣布发行该国法定加密数字货币——“Sovereign（SOV）”。

由于马绍尔群岛没有中央银行，此前一直以美元作为该国的官方货币。2018 年宣布发行的 SOV 将会和美元一起在该国流通，目前马绍尔群岛国家议会已经以 20∶8 票通过了这项决议。

SOV 将通过 ICO 的形式分配给国民，由以色列 Neema 公司为发行提供支持，后者是知名创业孵化器 Y Combinator 的孵化公司，专注于提供金融区块链解决方案。

SOV 基于“Yokwe 框架”，该框架要求用户通过区块链进行身份验证，还允许 SOV 用户为金融机构提供关键的客户信息，继而满足 KYC 和反洗钱政策要求。

Neema 首席执行官表示，由于政府无法控制 ICO 之后的货币供应情况，所以 SOV 是完全去中心化的。

关于为何发行 SOV，马绍尔群岛总统希尔达·海妮（Hilda C. Heine）这样说道：

“马绍尔群岛将会把收入用于投资支持气候变化相关工作以及教育和绿色能源等领域，并且为那些受到美国核试验影响的人提供医疗健康服务。对于我们的人民来说，这是一个历史性的时刻，我们自己的货币将会和美元一起使用，使我们朝民族自由又迈进了一步。”

可以说，SOV 的发行是马绍尔群岛摆脱美元的控制、重构国内经济货币体系的一次尝试。

委内瑞拉 Petro：首个资产信用背书的法定数字货币

2017 年以来，面对加密货币市场的爆发，世界大部分央行都在酝酿监管措施，也有不少国家宣称将推出主权加密货币，然而第一个吃螃蟹的却是委内瑞拉。

委内瑞拉率先推出了世界上第一个政府信用背书的主权加密货币——石油币（Petro）。白皮书显示，石油币与该国石油资源锚定，理论上，每一枚石油币以委内瑞拉的一桶石油储备作为背书。

2018 年 2 月 20 日，委内瑞拉总统马杜罗宣布，石油币正式开始预售，拟发行总量约 1 亿枚，预售 3840 万枚。其中，44.0% 将通过 ICO 发行，38.4% 通过非公开预售，17.6% 将由委内瑞拉货币和相关业务监管局持有。

8 月 17 日晚，马杜罗在电视讲话中宣布，石油币今后将作为该国的国际记账单位，以及国内工资和商品、服务定价的基准。马杜罗同时表示，待货币改革完成后，一个石油币将等于 3600 主权玻利瓦尔。社会最低工资将提高到月薪 1800 主权玻利瓦尔，即半个石油币。

委内瑞拉是世界上原油储备量最大的国家，也是对石油收入依赖很严重的国家之一，石油收入占出口总收入的 95% 以上。

委内瑞拉凭借丰富的石油资源一度非常富裕。但近年来，由于美国和欧盟不断对委内瑞拉进行经济制裁，加上委内瑞拉政府激进的执政手段，该国已深陷经济危机，出现了恶性的通货膨胀，原有的法定货币体系早已崩溃，同时还面临着严重的食物短缺，民众的基本生活得不到保障等种种问题。为打破美国的金融封锁，马杜罗政府寄希望于“石油币”，希望以此缓解危机，打破美国对委内瑞拉实施的金融封锁，重构国内经济秩序和货币体系。

突尼斯 eDinar：首个基于区块链发行的法定数字货币

2015 年，突尼斯使用区块链技术创建 eDinar（也称为 Digicash 或 Bit-Dinar），即该国数字版法币。突尼斯因此成为世界上第一个发行基于区块链的国家货币的国家。

eDinar 将用于即时移动汇款、在线和亲自支付商品及服务，汇款、支付账单、管理政府官方身份证明文件等。

与国家发行的纸质法币一样，eDinar 的发行也由政府机构所监督。另外，eDinar 系统继承了传统加密货币系统中的交易费用，当然它的交易费用是微不足道的，交易费用的最大金额限制为一个第纳尔[①]。而且在大多数情况下，这些交易费用由商家承担。

不过 2019 年 11 月突尼斯央行否认了有关基于区块链平台开发官方数字货币的传言。

塞内加尔 eCFA：首个多国应用的法定数字货币

继突尼斯之后，非洲国家塞内加尔成了非洲第二个发行数字货币的国家。其基于区块链的数字货币名为 eCFA，于 2016 年 12 月开始发行流通，并且享有与该国官方货币非洲法郎（CFA Franc）同等的法律地位。

eCFA 是由 BRM 银行和 eCurrency Mint 公司合作创建的。BRM 是一家专门投资西非经济货币联盟（UEMOA）地区银行和资本市场的金融机构。eCurrency Mint 公司则是一家爱尔兰的金融科技初创公司，专注于帮助各国央行发行自己的法定数字货币。

① 第纳尔，一种货币名称，包括突尼斯在内有数十个国家采用此名称货币，但面额和价值有所差异。

该数字货币将按照和遵守中央银行的电子货币条例发行。塞内加尔是第一个发行使用 eCFA 的国家。据悉，第二批发行使用 eCFA 的其他非洲国家包括科特迪瓦、贝宁、布基纳法索、马里、尼日尔、多哥和几内亚比绍。

厄瓜多尔 DE：首个失败的法定数字货币尝试

厄瓜多尔也是尝试发行法定数字货币的先驱国家之一。早在 2014 年 12 月，厄瓜多尔就宣布发行了自己的电子货币（Dinero Electronico，DE）。DE 于 2015 年 2 月正式流通，以琥珀蜜蜡为价值载体。

根据厄瓜多尔央行相关决议，发行国家电子货币的目的是“增强支付系统的效率，促进国家的经济稳定性”。经济学家 Diego Martinez 认为，DE 有助于减少贫困水平和各种费用，因为该国每年的支出有超过 300 万美元用于兑换旧钞。

但更重要的是，厄瓜多尔采用 DE 是该国“去美元化”的重要举措之一。厄瓜多尔在 2000 年废弃了本国货币，希望通过美元摆脱经济危机。2014 年，厄瓜多尔禁止比特币，并推出电子货币，也是为了降低美元在其经济体系中的地位。

到 2015 年，DE 已经成为一种该国的功能支付手段，允许符合条件的用户通过移动应用转账。

然而，该国发行的数字货币最终还是失败了。

2018 年 3 月 26 日，当地报纸《国家报》报道称，该国数字货币系统将于 3 月 31 日完全停用，并关闭所有账户。

乔治梅森大学的经济学教授劳伦斯认为，该计划失败的主要原因是无法吸引到足够多的用户——系统总共注册了 40 多万个账户，其中只有 4 万多个账户有购买商品或进行支付的记录；约 8 万个账户仅使用了上传和下载资金信息；剩下的 28 万多个账户（约占总账户数的 70%）则一直处于闲置状态，因为人们不愿意接受另一种用美元计价的货币（该国以美元为官方货币），也不相信厄瓜多尔央行。

于是，厄瓜多尔成为了第一个尝试法定数字货币但却失败的国家。

乌拉圭 e-Peso：首个试点后取消的法定数字货币

2017年12月，乌拉圭央行宣布推出一个为期6个月，名为“数字票据发行试点计划”的法定数字货币项目 e-Peso（电子比索）。

该项计划召集了一万名 ANTEL（乌拉圭电信）手机用户，已注册的用户可以与商户互动或者直接相互进行 P2P（点对点）货币交易。

乌拉圭央行解释道：要想参与本次实验，乌拉圭民众必须从相关网站下载手机应用，进入数字钱包并进行注册，然后在 Red Pagos（一家支付公司）通过充值创建数字钱包（兑现）。智能手机和非智能手机都能尝试这一机制。

乌拉圭央行行长 Mario Bergara 声称，e-Peso 不是一种新的货币，只是不以实物形式存在，而是以技术形式呈现的乌拉圭比索。至于乌拉圭央行为什么要选择采取这一措施，Mario Bergara 解释：印刷纸币成本太高，在全国安全地运输和分配纸币的成本也同样不少。另外，实物货币还存在不透明性。

Bergara 还补充道，如果央行在半年后决定继续使用这一数字货币，实物货币就会被立刻停用。他说，“为了让民众更好地适应这种数字货币，将会有很长一段过渡期”。

但可惜的是，乌拉圭央行在 6 个月的比索数字化试点之后，决定不再继续实行电子比索，并取消了所有已发行的数字比索。

二、有发行法定数字货币规划的国家和地区

新加坡

2016 年起，新加坡金融管理局（新加坡央行）联合新加坡交易所、10 家商业银行、8 家技术公司和 6 家学术机构共同发起

了“Ubin 计划”，该计划的设想是让新加坡成为发行法定数字货币的先行者和领导者。

按照 Ubin 计划的安排，项目发展被分成了六个不同的阶段，分别是“SGD 新加坡法定货币数字化探索”“国内银行间结算探索”“基于 DLT 的 DVP[①] 探索”“跨境银行间支付结算探索”“目标运营模式”“跨境支付结算的 DVP 探索”。目前 Ubin 计划已经完成进展到了第四阶段，即对跨境银行间支付和结算的探索。

伊朗

2018 年美国宣布对伊朗实施“最高级别”制裁前，伊朗展开了自救，关键就是摆脱对美元的依赖。伊朗的自救行动之一便是推进国家法定数字货币的发行工作。

伊朗政府此前曾于 2018 年 4 月禁止银行支持对比特币等数字货币的交易。为了顺利推动自救行动，伊朗后来又起草了关于加密货币的新规则，推翻了之前的禁令。

伊朗科技事务局管理和投资副主任 Alireza Daliri 表示，伊朗

① DVP，Delivery Versus Payment，是银行间债券市场交易的一种结算方式，称为“券款对付”。

宣布发行的国家法定数字货币将与现行法币里亚尔挂钩。这种数字货币将被设计成便于与世界任何地方的货币相流通，更重要的是，伊朗的法定数字货币可以在美国发动制裁的时候帮助伊朗有效渡过难关。

阿联酋与沙特阿拉伯

2019 年 1 月，阿拉伯联合酋长国中央银行（UAECB）和沙特阿拉伯货币管理局（SAMA）宣布合作启动数字货币项目“Aber”。

Aber 将用于两国之间的跨境金融结算。沙特阿拉伯货币管理局负责银行业务的副局长 Hisham Al Hogail 表示，两国间的数字货币项目试点工作或将于 2019 年年底前完成。

另外，迪拜于 2018 年 10 月宣布了自己的加密货币计划。迪拜的这一数字化货币被称作 emCash，由迪拜经济发展部下属的阿联酋首个官方信贷局 emCredit 推动开发工作。emCredit 的发言人表示，迪拜居民未来将可以用政府开发的数字货币 emCash 支付学费、生活费账单以及其他日常开支。

中国

2014 年，时任中国央行行长周小川便提出了构建数字货币的想法，并组建成立了专门从事法定数字货币研发工作的研究机构——中国人民银行数字货币研究所。数字货币研究所的主要职责是根据国家战略部署和央行整体工作安排，开展法定数字货币的研发工作。

2019 年 8 月，时任央行支付结算司副司长、现任数字货币研究所所长的穆长春在中国金融四十人论坛上表示，中国的法定数字货币已经是“呼之欲出”，并将采用双层运营体系，第一层是中国法定数字货币的发行主体中国人民银行，第二层是包括银行在内的各类商业机构。这种双层运营体系不会改变流通中货币的债权债务关系、不会改变现有货币投放体系和二元账户结构，也不会影响现有货币政策的传导机制。

未来在不改变支付渠道和场景的情况下，我们可以像使用支付宝和微信支付一样方便地使用中国法定数字货币，并且央行数字货币与支付宝、微信支付相比更能应付极端情况，不需要网络就能支付。中国的法定数字货币将支持收付款双方离线支付，只要手机有电，“哪怕整个网络都断了也可以实现支付”。

泰国

泰国央行近几年也在尝试发行自己的法定数字货币，其法定数字货币项目名称叫 Inthanon，该项目初期的目标是实现利用数字货币在银行间完成交易和结算，最终的目标则是通过央行发行的法定数字货币提高泰国金融市场基础设施整体的效率。

据了解，泰国央行的法定数字货币研发项目的合作方包括 8 家商业银行和包括 R3、Wipro 在内的数家技术服务商。Inthanon 项目提供的央行数字货币解决方案是基于 R3 公司开发的 Corda 区块链平台，使用区块链技术的泰国法定数字货币据称可以显著改善和提高银行之间的清结算效率。

而对于法定数字货币的应用前景，泰国央行行长表示，泰国未来发行的法定数字货币将仅在金融市场的机构间使用，普通民众并不能使用泰国央行发行的法定数字货币，并且泰国的法定数字货币被广泛采用至少需要 5 年时间。

巴哈马

巴哈马是一个位于加勒比海地区的岛国，并且是加勒比海地区较富裕的国家之一。巴哈马副总理曾在巴哈马区块链和加密货币会议上表示，建立现代化的数字支付体系是各国完善治理的重要支撑。

巴哈马央行已经于 2019 年 5 月 30 日就开发国家法定数字货币达成了一致意见，并计划于 2020 年全面采用法定数字货币。

三、积极开展法定数字货币研究的其他国家和地区

以色列

以色列是一个拥有大量专利和尖端技术产业的国家，曾被评为全球最具创新力的国家之一。加密货币和区块链行业在以色列的发展非常迅猛，但在以色列央行眼中，加密货币其实在某种程度上扰乱了以色列的金融和经济秩序。

据估计，加密货币支持的黑市活动交易额约占该国 GDP 的 22%，并且利用加密货币进行的偷逃税和洗钱也在以色列有升温的迹象。为了减少现金在交易中的数量同时对流通中的货币进行有效监测，以色列政府和央行开始考虑发行国家信用支持的法定数字货币。

加拿大

从 2016 年开始，加拿大央行就一直在进行法定数字货币的相关研究。一份加拿大央行的工作报告指出，发行法定数字货币可以带动加拿大的消费增长 0.64%，为加拿大的经济发展带来收益。

此外，加拿大央行专门针对法定数字货币的调查报告指出，法定数字货币对经济提振的主要作用集中在三方面：一是便利消

费者的支付；二是增加金融的普惠和包容性；三是提高金融系统的稳定性。

不过，加拿大对法定数字货币的研究目前还只停留在观察阶段，对于是否应该发行自己的央行数字货币，加拿大政府和央行并没有明确的时间表，而且部分政府官员认为央行的法定数字货币对加拿大等发达经济体的影响其实是非常有限的。

挪威

在北欧国家挪威，现金在人们日常生活中的使用比例已经开始下降。挪威国内的货币交易类型可以基本分为三类，现金、信用卡 / 借记卡和 Giro。Giro 是一个挪威的银行间交易体系。在三种货币交易类型中，逾 70% 的交易是通过银行卡完成的，Giro 系统的货币交易占比也达 20%，而现金交易份额占总交易份额的比例已经不足 10%。

为了积极拥抱无现金社会，挪威央行进行了大量的关于法定数字货币的研究。挪威央行指定了一个工作组对发行法定数字货币可能造成的影响展开调查，2018 年，该工作组发布了一份研究报告，对发行法定数字货币的可能方式、优缺点等做了详细的阐述。

挪威央行行长表示，未来央行的法定数字货币是确保高效和稳健的支付体系所必需的，但现在做是否发行法定数字货币的决定还为时尚早，需要评估现金需求、发行成本以及可能的效益后再确定是否发行。

瑞典

在北欧国家瑞典，现金和支票在日常生活中的使用率已经降到了非常低的水平，根据瑞典央行出具的一份报告，估计现金支付在瑞典全国的交易中仅占15%，银行控制货币流通的作用被大大削弱，“无现金社会”在瑞典似乎正逐渐成为现实。

为了捍卫央行控制货币发行、调节货币周转进而调控经济的能力，瑞典央行决定研发自己的数字货币“电子克朗”。据悉，电子克朗采用了分布式账本技术，在保证结算和交易便捷高效的同时，还保证了瑞典央行在电子克朗发行上的中心化运作。

此外，瑞典预计以电子克朗构建的新的电子支付体系还保证了在整个体系中发生的交易都可以被瑞典央行追踪，从而有效防止洗钱和偷逃税。

俄罗斯

俄罗斯政府和央行虽然在积极开展法定数字货币的研究，但对于是否发行持相对谨慎的态度。俄罗斯央行行长表示，俄罗斯的法定数字货币并不会在短期内推出，如果要发行必须要确保相关技术的稳定性。

俄罗斯央行发布的一份关于法定数字货币的报告指出，现金的作用正在减弱，全球正在走向支付的数字化，这一趋势已经促使众多国家的监管机构开始考虑推出自己的法定数字货币。

据悉，俄罗斯央行有意创建一种与黄金挂钩的数字货币，以用于与全球其他司法管辖区进行双边结算。此外，俄罗斯与委内瑞拉也在共同探讨使用俄罗斯卢布和委内瑞拉石油币实现双边贸易结算的可能性。

四、明确反对发行法定数字货币的国家和地区

德国

2018 年 7 月 5 日，德国联邦财政部表示，在进行了深入研究后，认为发行法定数字货币的风险太大，因此否定了由德国央行发行法定数字货币的可能。

德国央行行长廷斯魏德曼在法兰克福召开的 2019 年德国央行研讨会开幕式上发表演讲时也表示，央行如果发行法定数字货币将可能引致“严重后果”，在没有经过充分考虑的情况下不建

议推出央行的法定数字货币。

日本

在是否发行法定数字货币的问题上，日本央行保持了十分谨慎的态度。日本央行副行长雨宫正佳表示，虽然日本央行仍在不断关注新兴金融科技的发展，但在短期内都没有发行法定数字货币的计划。他认为法定数字货币不太可能改善现有的货币体系，而且从现有的主权货币转向由央行发行的法定数字货币实际上存在相当大的障碍。

韩国

虽然区块链和加密货币产业在韩国得到了很大的发展，但在涉及央行发行法定数字货币的问题上，韩国央行表示，发行法定数字货币可能会对货币政策的实施产生不利影响，并且如果法定数字货币不能有效发挥作用就很可能导致国内市场的不稳定。

经过一番审慎的研究后，韩国央行在其发布的一份报告中指出，法定数字货币的引入将取代商业银行持有的活期存款，造成银行的流动性紧缺，货币供应量将大幅下降，进而导致市场利率上升。因此在综合考虑和权衡利弊后，韩国央行明确表示将不会有任何发行法定数字货币的计划推出。

澳大利亚、新西兰

对于法定数字货币，南太平洋的澳大利亚和新西兰两个国家的态度是一致的，那就是在短期内不会发行。

澳大利亚储备银行认为澳央行对发行法定数字货币的需求并不大，在现有的金融体系中发行央行数字货币还有可能会对以银行为核心的金融稳定性产生重大影响。

新西兰储备银行认为，现阶段无法对发行法定数字货币所能带来的收益做很好的评估，并且金融业也因此会变得不稳定，因此决定是否发行法定数字货币还为时尚早。

第四节　各国在法定数字货币上的“共识”

虽然各国央行在研究和发行法定数字货币上的动机各不相同，但大多数国家对法定数字货币已经有了诸多共识：

首先，以比特币为代表的私人数字货币以去中心化为主要特征，但法定数字货币却需要明确的中心化组织架构。这类中心化的数字货币以国家信用作为担保，相比用纯技术作为信用担保的比特币等数字货币，更能得到法律上的保障。

其次，区别于非法定数字货币存在价格波动巨大、属性难以定义等诸多问题，央行发行的数字货币具有支付属性，并且价格平稳，可以方便地与法币兑换，是法币的数字形式，不存在流通和监管方面的障碍。

另外，法定数字货币可以采用分布式记账方式，也可以采用传统银行账户体系。采用分布式账本的优势在于能拥有公开透明、不可篡改等特性，便于降低发行成本与加强监管，打击违法犯罪。但区块链并非唯一技术选项。

除了上述对央行数字货币积极探索和研究的国家外，全球只有极少数央行反对数字货币的尝试。反对的主要理由是担心数字货币会破坏金融体系的稳定，如韩国担心央行数字货币会破坏经济稳定，澳大利亚和新西兰认为加密货币仍存在结构性缺陷，比特币系统在可扩展性和治理方面远落后于 Visa 等传统支付方式。

就经济体量来看，目前主要经济体大多处于观望和调研的状态，只有新加坡、中国、泰国等少部分国家明确表态即将推出央行数字货币，但仍没有给出具体的推出时间。美联储曾多次表示没有计划推出加密货币。加拿大、新加坡、巴西等国家正在开发一种基于分布式账本的国家银行清算体系。此外，有少部分小型经济体，如东加勒比央行、巴哈马和瑞典等国计划于 2020—2021 年完成深度技术测试和试点计划的施行，正式推出央行数字货币。

而多数小型发展中国家虽然在研究数字货币的相关技术，但也保持谨慎观望态度，他们在等待美联储、欧洲央行等采取行动，认为央行数字货币的发行和使用还是一个遥远的目标。但同时，目前已发行法定数字货币的有6个国家，包括厄瓜多尔、突尼斯、塞内加尔、马绍尔群岛、乌拉圭以及委内瑞拉，均是小国。它们已经抢占了法定数字货币发行的先发优势，并希望通过数字货币解决其国内复杂的经济政治问题，搭上数字货币的快车实现国内经济的复苏和快速发展。

第七章　中国法定数字货币

2016 年 1 月，在中国人民银行召开的数字货币研讨会上，相关负责人首次对外公开了发行中国法定数字货币的目标。

2016 年 7 月，中国人民银行启动了基于区块链和数字货币的数字票据交易平台原型研发工作，准备利用数字票据交易平台作为法定数字货币的试点应用场景。

作为世界第二大经济体，中国的一举一动都牵动着世界主要经济体的目光。因此中国研发法定数字货币的消息一出，立刻吸引了全世界的关注。中国人民银行副行长范一飞认为，由中央银行发行法定数字货币是大趋势，央行的数字货币以国家信用作为保证，能在更大范围内实现线上、线下同步使用，同时最大限度地提升交易的便利性和安全性。

第一节　中国法定数字货币的研发

从全世界范围内来看，中国是最早进行国家法定数字货币研发的国家之一。

从2014年，时任中国央行行长周小川提出进行法定数字货币研究开始，到2017年中国人民银行数字货币研究所的成立，再到2019年新任数字货币研究所所长的穆长春透露中国央行的数字货币“呼之欲出”，中国人民银行为法定数字货币的研究和发行做了大量的准备工作。

一、哪些机构在推进中国法定数字货币的研发

在中国法定数字货币的研发过程中，中国人民银行直属的两家机构是主要力量：一家是主导机构，即中国人民银行数字货币研究所；另一家是中国印钞造币总公司。

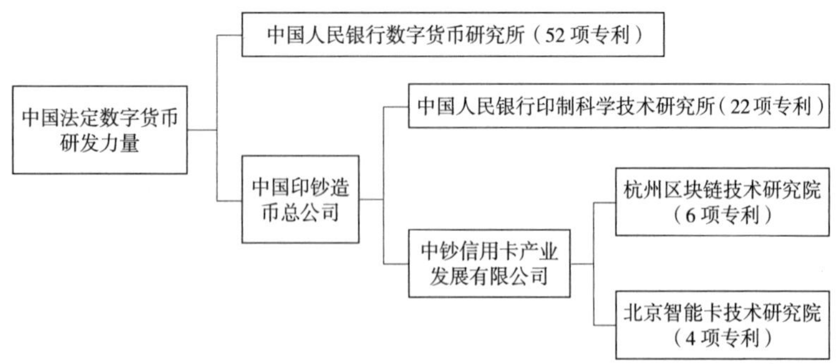

图7–1　中国法定数字货币研发力量

资料来源：零壹智库

中国人民银行数字货币研究所

中国人民银行数字货币研究所是经中央编办批准设立的中国人民银行直属事业单位，其主要工作职责是根据国家战略部署和中国人民银行整体工作安排跟踪和研究数字货币与金融科技创新进展，开展法定数字货币的研发工作。

中国人民银行数字货币研究所于2016年年底开始筹备组建，2017年上半年正式挂牌成立，由中国人民银行科技司原副司长姚前担任第一任所长，研究所设立7个部门且各有不同的分工。姚前表示，央行发行的数字货币目前主要是替代实物现金，降低传统纸币发行、流通的成本，提升经济交易活动的便利性和透明度。

2019年9月，中国人民银行支付结算司原副司长穆长春接替姚前出任数字货币研究所第二任所长。2019年8月在伊春举办的中国金融四十人论坛上，穆长春表示中国的法定数字货币研究已经进行了5年，已经是“呼之欲出”了。

截至2019年9月，中国人民银行数字货币研究所申请的与数字货币相关的专利数量已经达52项，是央行数字货币研究领域名副其实的主力。数字货币研究所申请的52项专利既有与法定数字货币的发行、流通、管理等相关的宏观设计，又有与数字货币钱包的申请、开通、查询、同步等相关的微观设计。

中国印钞造币总公司

中国印钞造币总公司是国家法定货币的生产企业，下辖 22 家大中型企业和 1 个技术中心，从事印钞、造币、钞票纸、银行信用卡的研制生产、印钞造币专用机械和银行机具制造、高纯度金银精炼和印制增值税专用发票、有价证券、银行专用票据、高级防伪证书等安全印务方面的生产经营活动。

中国印钞造币总公司下辖的三家企业是进行法定数字货币研究的主体，一家是子公司中国人民银行印制科学技术研究所，另两家是中钞信用卡产业发展有限公司的两家分公司：杭州区块链技术研究院和北京智能卡技术研究院。

截至 2019 年 9 月，中国印钞造币总公司下辖的三家企业共申请了 32 项与数字货币相关的专利，其中，印制科学技术研究所一家就申请了 22 项相关专利，成为中国法定数字货币研发的第二主力。

二、为什么中国要发行自己的法定数字货币?

中国人民银行的法定数字货币英文简称为“DC/EP”，“DC”是“Digital Currency（数字货币）”的缩写，“EP”是“Electronic Payment（电子支付）”的缩写，主要功能就是作为电子支付手段。

电子支付已成为未来发展的大趋势，尤其是在中国，以支付宝、微信支付等为代表的移动支付已经全球领先，那么在电子支付手段如此发达的今天，中国央行为何仍要研究和发行自己的数字货币呢？

首先，创立和发行独立的货币是一个国家货币主权的体现，但比特币、Libra 等非国家发行的数字货币的广泛流通对任何国家的金融体系都有可能造成冲击，因此为了保护中国的货币主权和法币的地位就需要未雨绸缪地进行国家法定数字货币的研究和发行。

其次，发行国家法定数字货币可以减少货币发行的相关成本。目前纸钞和硬币的印制、发行、贮藏等各环节的成本相对数字货币来讲都非常高，还需要不断投入成本进行防伪技术的研发。同时由于电子支付的发展，现金（纸钞和硬币）便捷性不足的问题突显，其使用场景也开始逐渐萎缩。

需要指出的是，此次中国人民银行即将推出的数字货币是重点替代 M0 货币而非 M1 或 M2 货币[①]，简单而言就是实现纸钞

---

① M0、M1、M2 都是用来反映货币供应量的重要指标。M0 是流通于银行体系之外的现金，每个人在银行的存取款都会影响市场上 M0 的增减；M1 是狭义货币，“M1=M0+ 企业在银行的活期存款”；M2 是广义货币，“M2=M1+ 准货币”，这里的准货币包括定期存款、居民储蓄存款、其他存款、证券公司客户保证金、住房公积金中心存款、非存款类金融机构在存款类金融机构的存款等。

的数字化。在我国当前的货币体系中，基于商业银行账户体系的M1和M2已经实现了电子化和数字化，所以短时间内没必要使用另一种技术对其进行数字化改造。

最后，随着安全意识和数据保护意识的提升，普通用户自身在日常生活中存在一定的匿名支付和匿名交易的需求。但除了现金，现在的支付工具，无论是移动支付还是银行卡支付都无法摆脱银行账户体系，满足不了用户匿名的需求。而根据中国人民银行数字货币研究所申请的专利信息显示，未来的中国法定数字货币是可以满足普通消费者在日常交易中的这种匿名交易的需求的。

不过从央行的角度来看，未来的数字货币在尽最大努力保护个人隐私和匿名支付需求的同时，在遇到违法犯罪问题时要保留必要的核查手段，这就需要保持一定的平衡，不能让法定数字货币为违法犯罪提供便利。

因此中国人民银行在法定数字货币的反洗钱、反逃税和反恐怖主义融资等方面利用了大数据的方式，对交易的行为特征而非具体交易内容进行识别，也就是说虽然交易是匿名的，但可以通过大数据识别出一些交易的行为特征，以判断是否涉嫌违法犯罪。一旦交易属违法犯罪，就可以通过数据挖掘的方法进行用户身份比对从而找出具体的某个人。

三、中国法定数字货币的研发历程是怎样的？

中国人民银行从2014年开始成立专门研究小组研究法定数字货币，至今已有5年。

如果说，2014年周小川提出进行法定数字货币研发是如今一切的开端，那2017年央行成立数字货币研究所则是这个故事的转折。过去的五年，中国人民银行以数字货币研究所为核心，联合数家商业银行，从数字货币方案原型、数字票据等多维度研究央行数字货币的可行性。

2019年8月2日，央行召开2019年下半年工作电视会议，明确指出下半年要加快推进我国法定数字货币（DC/EP）的研发步伐，并及时跟踪国内外虚拟货币发展趋势。

8月10日，时任中国人民银行支付结算司副司长的穆长春在第三届中国金融四十人伊春论坛上表示，中国法定数字货币“现在可以说是呼之欲出了”，再一次将央行法定数字货币推到大众视野之中。

随后，关于法定数字货币的讨论经久不息，更有消息传出，称阿里巴巴、腾讯、中国工商银行、中国建设银行、中国银行、中国农业银行和中国银联7家机构已经成为首批获得中国央行数字货币的机构，并表示中国央行数字货币最快将于2019年双十一期间推出。尽管随后有央行的人士辟谣，但不难看出中国央行数字货币已经箭在弦上。

12 月初，据《财经》报道，由人民银行牵头，工、农、中、建四大国有商业银行，中国移动、中国电信、中国联通三大电信运营商共同参与的央行法定数字货币试点项目有望在深圳、苏州等地落地。

相较于上一次试点，本次央行法定数字货币试点将走出央行系统，进入交通、教育、医疗等实实在在的服务场景，触达 C 端用户，产生频繁应用，试点银行可根据自身优势进行场景选择。

该试点项目由央行货币金银局牵头，数字货币研究所具体落实。2018 年年底，央行货币金银局下的防伪处改为数字货币与防伪管理处，作为央行数字货币唯一的官方权威处室。①

作为首批试点机构，中国工商银行、中国农业银行与中国银行相继被媒体曝出在进行央行法定数字货币内测。

早在 2019 年 10 月 29 日，就有消息称，中国工商银行正在内测数字货币钱包，名为“工银数字货币钱包”，还流出关于“工

① 资料来源：《中国数字货币诞生前夜：央行试点，四大行赛马，能否领跑全球？ |〈财经〉封面》。

银数字货币钱包服务协议”截图。对此消息，当时工行相关负责人表示，该行目前未推出数字货币，目前也尚无更多信息需要对外正式发布，关于数字货币的任何信息以央行的信息为准。

时间到了2020年，在Libra白皮书2.0版本发布前不久，中国农业银行、中国银行相继被曝正在进行央行法定数字货币内测，多张央行数字货币钱包截图在社交媒体流传。

有媒体向银行工作人员求证，一位农行内部人士回应称数字货币在央行的统一安排下进行，具体消息等央行公布。而另外一位国有银行内部人士则表示，央行数字货币正在内测，并上级要求不许打听。

央行数字货币的消息随后进一步发酵。4月16日，科创板日报报道称，苏州市相城区要求区属行政单位员工在4月安装数字钱包，5月将其工资中的交通补贴的50%通过央行数字货币的形式发放。这表明，央行数字货币将在交通补贴等场景率先落地。

4月17日，21财经发文称，数位银行业人士表示已有内部员工将DC/EP用于缴纳党费等支付场景，使用范围包括深圳分行等地。

表 7-1　中国央行数字货币研究进展

时间	央行数字货币研究进展
2014 年	在周小川倡导下，央行成立法定数字货币专门研究小组
2015 年	发布人民银行发行数字货币的系列研究报告，央行发行法定数字货币的原型方案完成两轮修订
2016 年 1 月 20 日	央行首次提出对外公开发行数字货币的目标
2016 年 7 月 1 日	央行启动基于区块链和数字货币的数字票据交易平台原型研发工作
2017 年 1 月 29 日	央行正式成立数字货币研究所
2017 年 2 月 1 日	央行推动的基于区块链数字票据交易平台测试成功
2017 年 3 月 1 日	中央科技工作会议强调构建以数字货币探索为龙头的央行创新平台
2017 年 5 月 27 日	央行数字货币研究所正式挂牌
2017 年 6 月 1 日	央行发布关于冒用人民银行名义发行或推广数字货币的风险提示
2018 年 3 月 28 日	央行召开 2018 年全国货币金银工作电视电话会议，会议指出“稳步推进央行数字货币研发”
2018 年 9 月 5 日	央行下属数字货币研究所在深圳成立“深圳金融科技有限公司”，并参与贸易金融区块链等项目的开发
2019 年 5 月	在贵阳举办的 2019 中国国际大数据产业博览会上，央行数字货币研究所开发的 PBCTFP 贸易融资的区块链平台亮相
2019 年 8 月 2 日	央行召开 2019 年下半年工作电视会议，指出下半年要加快推进法定数字货币（DC/EP）研发步伐，跟踪国内外虚拟货币发展趋势
2019 年 8 月 10 日	中国人民银行支付结算司副司长穆长春在第三届中国金融四十人论坛上表示，央行数字货币呼之欲出，将采用双层运营体系
2019 年 8 月 27 日	福布斯报道称，首批获得中国央行数字货币的机构包括阿里巴巴、腾讯、中国工商银行、中国建设银行、中国银行、中国农业银行和中国银联 7 家机构，并补充说最快将于今年双十一推出

续表

时间	央行数字货币研究进展
2019年9月4日	得到APP上线，穆长春关于数字货币的课程《金融科技前沿：Libra与数字货币展望》，其中最后两节重点介绍央行数字货币
2019年9月5日	《中国日报》英文版报道，央行数字货币的"闭环测试"已经开始，测试中会模拟某些支付方案并涉及一些商业和非政府机构
2019年9月6日	媒体报道称，央行支付结算司原副司长穆长春担任中国人民银行数字货币研究所所长
2019年10月29日	工商银行内测数字货币钱包截图被媒体曝出，工商银行相关负责人对此表示："关于数字货币的任何信息以人民银行信息为准"
2019年11月28日	中国人民银行副行长范一飞表示，目前央行法定数字货币DC/EP基本完成顶层设计、标准制定、功能研发、联调测试等工作，下一步将合理选择试点验证地区、场景和服务范围，稳妥推进数字化形态法定货币出台应用
2019年12月	《财经》报道称，由人民银行牵头，工、农、中、建四大国有商业银行，中国移动、中国电信、中国联通三大电信运营商共同参与的央行法定数字货币试点项目有望在深圳、苏州等地落地
2020年4月	中国农业银行、中国银行被曝正在进行央行数字货币内测
2020年4月16日	科创板日报报道称，苏州市相城区要求区属行政单位员工在4月安装数字钱包，5月将其工资中的交通补贴的50%通过央行数字货币的形式发放
2020年4月17日	21财经发文称，数位银行业人士表示已有内部员工将DC/EP用于缴纳党费等支付场景，使用范围包括深圳分行等地

资料来源：零壹智库根据公开资料整理

第二节　中国法定数字货币

在我们的日常生活中，使用银联、支付宝、微信支付等移动支付方式进行支付时已经可以感受到电子支付带来的多种便利。中国的法定数字货币虽然也是电子支付的一种方式，但和我们日常使用的移动支付方式还是有区别的。

一、中国法定数字货币长什么样

中国的法定数字货币是纸钞的数字化替代，其功能和属性跟我们日常使用的纸钞硬币是完全一样的，只不过在形态上以数字化的形式体现出来。使用中国的法定数字货币不涉及“账户”的概念，也就是说不需要银行账户就能实现价值转移。

我们日常在使用纸钞或硬币的时候不会涉及银行账户的使用，法定数字货币也是这样。但平时我们使用支付宝、微信支付或者信用卡支付时都绕不开银行账户体系。而用户使用法定数字货币做交易和相互转账时，只要收支双方的手机上都安装有法定数字货币钱包（手机内置或以 APP 形式呈现），在不需要联网的情况下，通过简单的交易设置就可以方便快速地完成整个交易过程。

中国法定数字货币是由中国央行发行的法定货币，是中央银行的负债，由中央银行进行信用担保，具有无限法偿性（即不能拒绝接受央行数字货币），是现有货币体系的有效补充。

同时，央行数字货币比支付宝和微信支付的使用场景更广泛，并能在一些极端场景发挥作用。现在支付宝和微信支付的普及率很高，但仍存在一定支付壁垒，在日常的交易中，我们偶尔会遇到某一种支付方式不被支持的情况：某些能使用支付宝的地方不能使用微信，能用微信的地方不能使用支付宝。但央行数字货币将不存在这种问题，因为央行数字货币由中央银行发行，和现金一样都属于法币，具有强制力。也就是说，在使用电子支付的场景下，任何机构和商户不能拒绝接受法定数字货币作为支付方式。

最后，中国的法定数字货币可以实现“双离线支付”。双离线支付是指在收支双方都离线的情况下仍能进行支付。央行数字货币出现之前，只有纸钞能够完成双离线支付，即便是发达的电子支付也无法做到。目前支付宝、微信已经能够支持单离线支付，即收支双方中的一方处于离线状态时也能完成交易支付，但双离线支付十分少见。想象一下，未来只要两个人都安装了央行数字货币的数字钱包，不需要网络，也不需要信号，只要手机有电，两个手机相互碰一碰就能实现实时转账。

双离线支付意味着央行数字货币具备了在一些极端场景中完成交易的能力，比如由于地震等自然灾害导致的通信中断，或在地下超市购物而出现没有网络信号的情况等。

二、中国法定数字货币如何发行和运营

纸钞如何投放?

央行印刷出纸钞之后，由商业银行给央行缴纳货币发行基金，然后将纸钞运到经营网点，向公众进行投放。央行数字货币的投放模式与纸钞类似，并将其称为“双层运营体系”。所谓的双层运营体系，上层是央行对商业银行，下层是商业银行对公众。央行按照100%准备金制将央行数字货币兑换给商业银行，再由商业银行或商业机构将数字货币兑换给公众。

采用双层运营体系，是要充分利用现有资源，调动和发挥商业银行的资源与力量。发行数字货币实际上是一个繁杂的过程。中国幅员辽阔、人口众多、经济结构复杂，各地区的经济发展水平、资源禀赋和人口素质都不尽相同，所以在央行数字货币设计、发行和流通的各个环节都要充分考虑到未来局面的多样性和复杂性。

如果采用单层投放体系，由央行直接向公众发行和承兑数字货币，将会让央行独立面对全国公众，会给央行的人才、资源和运营工作等方面都带来巨大挑战。另外，央行虽然主导开放运营了诸如大额支付系统、零售支付系统、超级网银、银联、网联等系统，但这些系统主要为银行等金融机构服务，并未直接面对过公众。所以央行虽然在技术上有足够积累，但在服务用户方面却

没有商业银行的经验丰富。

更重要的是，商业银行等机构已经发展出了比较成熟的IT设施和服务体系，在金融科技的运用和相关人才储备等方面已经积累了一定的经验，双层运营体系可以充分发挥商业银行等机构在资源、人才和技术等方面的优势，同时避免了另起炉灶造成资源的巨大浪费。

相较单层投放体系，双层运营体系还可以适应中国复杂的金融货币运行状况，由各商业银行基于业务发展状况，调整数字货币运营过程中不适应市场和不完善的地方；保障现有货币体系中债务债权关系的纯粹性，央行数字货币发行将被记为中国人民银行的负债，不会对现有银行货币体系带来重大冲击；也可以将风险最小化，一旦个别商业银行在运营过程中出现问题，可以进行必要的隔离，把风险控制在最小范围；便于开展市场竞争，让各商业银行在央行预设的轨道上进行充分竞争，并形成最终的央行数字货币机制和体系。

双层运营体系还能避免金融脱媒。如果采用单层投放，央行在某种程度上就会成为商业银行的潜在竞争者。因为公众一旦兑换数字货币，就会将商业银行原有的存款转移到央行，进而会导致商业银行的融资成本升高，诸多实体经济也会因此受到冲击。

基于以上种种，中国央行数字货币选择双层运营体系。

管理方式上，无论是从保证央行在央行数字货币投放过程中的绝对中心地位，强化央行数字货币是中央银行对社会公众负债的角度，还是强化央行的宏观审慎和货币调控职能，或者保持原有的货币政策传导方式，均需坚持央行数字货币的中心化管理模式。这点与比特币等加密货币存在明显差异。

在技术的选择上，央行不预设技术路线，所以也就不会强制采用区块链技术。按照目前的设计，由于央行数字货币将主要应用于小额零售高频场景，所以最为关键的就是满足高并发需求。根据央行官员透露的消息，定位于 M0 替代的央行数字货币交易系统的性能至少在 30 万笔 / 秒以上的水平。这种性能要求，当前的区块链系统很少能够达到。当然，这也不意味着区块链技术就无法运用于央行数字货币系统。

因为目前央行层面属于技术中性，这就意味着央行不会干预商业银行和商业机构的技术选择。无论商业银行层面选用区块链分布式账本技术，还是传统账户体系，央行都能接受并适应。指定运营机构可以采取不同的技术路线做相关研发，谁的路线好，谁最终会被老百姓接受、被市场接受，谁就最终会跑赢比赛。简而言之，这是一个“市场竞争选优的过程”。

综上，双层投放模式能有效保障现有货币体系中债权债务关系的纯粹性，中心化管理模式捍卫了央行在货币流通中的权威地位，为数字货币提供了无差别的信用担保，为其流通提供了基础支撑，同时能够通过央行背书的信用优势抑制私有数字货币的市场流通，从而巩固我国货币主权。不预设技术路线则使商业银行的选择多样化，尊重市场选择并最终回归到以客户为中心的竞争中。

三、如何使用以及在哪些场景使用

中国的法定数字货币可以脱离传统银行账户实现价值转移，使交易环节对账户的依赖程度大幅降低。所以对用户和企业来说，如果只是日常使用央行数字货币进行小额支付，完全无须跑到商业银行或者商业机构去，只要下载一个央行数字钱包 APP，完成注册就能使用央行数字货币进行转账。除了将数字钱包里央行数字货币取出或者向数字钱包里充值之外，用户与用户之间的相互转账无须绑定账户。

中国法定数字货币的应用场景与现金的大部分应用场景一样，但数字货币具有现金无法比拟的便携性，因此从这一点来看，法定数字货币与现金相比，在流通上的效率更高。

此外，除了与现金一样覆盖了线下大部分应用场景外，法定数字货币的应用还可以扩展至线上，也就是说在目前大部分的在线支付场景内，未来我们都可以选择使用法定数字货币进行交易。

为了避免出现挤兑，央行数字货币会像现金一样，设置一定的摩擦。也就是说，商业银行会在兑换数字货币方面设置一定门槛，小额兑换可以直接通过数字钱包进行，但大额的可能就需要提前与银行预约。

同样，出于反洗钱考虑，对于存储央行数字货币的钱包会进行分级 KYC 和相应限额。如果用户仅通过手机号码注册数字钱包，照样可以使用，但可能只能满足日常小额支付需求；但如果进一步上传身份证或银行卡等信息，将获得更高级别的钱包额度。

四、法定数字货币 VS 支付宝、微信

从前文看来，央行数字货币的要求和限制比支付宝和微信支付更多，那凭何让用户选择使用?

央行数字货币比支付宝和微信支付更加安全。央行数字货币由央行发行并进行信用担保，充当最后贷款人角色。除了央行之外，理论上商业银行都有可能出现破产，所以央行建立了存款保险制度避免这种情况。但支付宝和微信支付没有使用央行货币，而是使用商业银行存款货币进行结算，但却没有存款保险。

也就是说，万一支付宝和微信破产，中央银行不会充当最后贷款人角色，用户只能被动参与它们的破产清算，这就可能导致用户出现重大财产损失。比如之前你有 100 块钱，但破产清算后

只能还你 1 块钱，你也只能接受。虽然这种可能性极小，但也不能完全排除。

那央行数字货币会对支付宝和微信支付产生影响吗？央行官员的回答是：不会。因为支付宝和微信支付同样可以接入央行数字货币。这对支付宝和微信来说，意味着支付工具发生了变化，从此前使用商业银行存款货币进行支付变成了使用央行的存款货币，也就是数字化人民币进行支付，这不仅不会改变支付宝和微信的支付渠道和场景，反而增加了其支付安全性和功能。当然，这些变化会对相关企业的商业模式造成一定影响，但对用户而言，在使用支付宝和微信支付时不会有明显的改变感知，只是支付工具的可选项会更多，用户体验也随之更佳。

五、用户什么时候能用上法定数字货币

2019 年 8 月，时任央行支付结算司副司长的穆长春在中国金融四十人论坛上表示，中国的法定数字货币已经“呼之欲出”，同时在他的一堂网络课程中，他透露“离中国人民银行推出我们自己的数字货币也不是很远了”。

这些都让大家开始对央行何时推出法定数字货币产生了很多想象。

2019 年 8 月 27 日，美国新闻媒体福布斯在其网站发布了一

则消息，将中国人民银行的法定数字货币推到了全世界媒体的聚光灯下。据中国建设银行财务战略前主管保罗·舒尔特透露，首批获得中国央行数字货币的机构包括阿里巴巴、腾讯、中国工商银行、中国建设银行、中国银行、中国农业银行和中国银联 7 家机构。一位曾参与中国央行数字货币开发的消息人士确认了保罗·舒尔特的说法并提及了未具名的首批第八家机构，该消息人士还补充说中国央行数字货币最快将于 2019 年双十一期间推出。

在庆祝中华人民共和国成立 70 周年活动的新闻发布会上，中国人民银行行长易纲的表态否定了 2019 年双十一期间推出法定数字货币的说法。

易纲在会上回应与数字货币相关的问题时表示，中国的法定数字货币何时发布，“现在没有时间表”，“还会有一系列的研究、测试、试点、评估和风险防范，特别是数字货币如果跨境使用，这里面还有反洗钱、反恐融资、反避税天堂和‘知道你的客户[①]’等一系列的监管要求”。

种种迹象表明，中国的法定数字货币在发行方面应该已经做了很多准备，但还需要解决一些关键问题才能适时发行流通。

---

① 也称 KYC，类似身份验证。

第八章　各国政府眼中的数字货币

数字货币在降低金融服务成本，提高跨境支付效率的同时，也为现有金融监管体系带来了诸多挑战。目前，数字货币仍存在法律地位不明确、因匿名性特征游离于监管体系之外、币值不稳定、投机炒作严重等问题，与此同时，数字货币交易平台的安全性差也一直为人所诟病。除了数字货币本身存在的诸多问题受到各国监管层的高度关注，反洗钱、反恐融资也是各国数字货币监管的重点。本章选取了中国、美国、日本、韩国、英国、俄罗斯、新加坡、瑞士和马耳他九个典型国家，对这些国家的数字货币监管政策做了梳理。

目前，全球各国针对数字货币的监管主要集中在几个方面，即确定数字货币的法律地位、对“挖矿”和ICO等与数字货币相关活动的监管、对数字货币交易平台的管理和制定数字货币税收政策。

数字货币的法律地位在各国不尽相同：日本赋予了比特

币等数字货币较高的法律地位，并将其视为一种合法的支付手段；中国、韩国认为数字货币是一种虚拟商品；新加坡、瑞士等国家将数字货币视为证券；受复杂监管体系影响，数字货币在美国的法律地位和属性比较复杂，目前尚无统一的定位。

“挖矿”活动属于数字货币的生产环节。

除中国曾将“挖矿”产业作为“淘汰产业”[①]外，其他各个国家对于“挖矿”活动没有明确的监管政策。

ICO（Initial Coin Offering）是数字货币的发行环节。ICO 也称“首次代币发行”，是指融资主体（项目方）通过代币发售，向投资者筹集比特币或其他数字货币。ICO 活动存在诸多潜在风险，包括因数字货币价格剧烈波动引起的金融风险、项目方跑路导致的资金风险、借 ICO 非法集资等违法犯罪风险，因此成为各国政府的监管重点，大部分国家在对 ICO 的监管上态度相对谨慎。

除 ICO 外，在数字货币领域还衍生出其他多种募资方式，包括 STO（Security Token Offering）、IEO（Initial Exchange Offering）

---

① 2019 年 4 月，国家发展改革委将虚拟货币“挖矿”活动列入淘汰类产业；2019 年 11 月，国家发展改革委又将虚拟货币“挖矿”从淘汰产业目录中删除。

等。其中，STO 指证券型通证的发行，证券化通证（Security Token）代表的权益更偏向于传统股权代表的所有权和债券所代表的未来收益偿还权；IEO 是指除早期的私募由机构参与外，之后的公募和上线交易均在同一个数字货币交易平台完成。

数字货币交易平台是数字货币的交易场所，为数字货币提供了流动性。目前，中国境内禁止开设数字货币交易所，除中国外，大多数国家的数字货币交易所运营须向监管部门申请牌照或进行注册。

随着数字货币交易的频繁化，美国、日本、韩国、英国、俄罗斯、新加坡、瑞士和马耳他等国家均出台了关于数字货币的税收政策。目前，日本为数字货币税率最高的国家，最高税率为 55%。

第一节　中国：比特币是特定虚拟商品，全面禁止 ICO

一、中国内地：全面禁止

1. 数字货币法律地位

中国对数字货币的监管由中国人民银行主导。虽然中国法定数字货币已经“呼之欲出”，但比特币及其他数字货币仍不具有与货币等同的法律地位。

2013 年 12 月，中国人民银行等五部委联合发布《关于防范比特币风险的通知》（以下简称《通知》），明确了比特币的性质，认为比特币不是由货币当局发行的货币，不具有法偿性与强制性等货币属性，不是真正意义的货币，而是一种特定的虚拟商品。

根据《通知》规定，比特币不能且不应作为货币在市场上流通使用。但是，比特币作为一种互联网上的商品买卖行为，普通民众在自担风险的前提下，拥有参与的自由。

比特币名为币而实非币。环顾全球，大国中仅德国认可其为近似于“私人货币”的等价物。既非货币，各国金融监管当局自然也不会像监管货币那样监管比特币。如此，比特币日渐成为游走于灰色地带的特殊“等价物”。

——2018 年，《人民日报》，《比特币，狂欢后的回归》

2. 对“挖矿”活动的监管

虚拟货币的“挖矿”曾在中国被列入“淘汰产业”，各地政府一度引导辖内“挖矿”企业有序退出。

2018 年 1 月，互联网金融风险专项整治办工作领导小组发文，要求各地政府在电价、土地、税收和环保等方面采取措施，引导辖内从事“挖矿”的企业有序退出。部分地方政府要求电力系统停止为比特币生产活动供电，并取消其他相关优惠政策。

2019 年 4 月，国家发展改革委发布《产业结构调整指导目录（2019 年本，征求意见稿）》，将虚拟货币“挖矿”活动（比特币等虚拟货币的生产过程）列入了淘汰类产业。根据国务院《促进产业结构调整暂行规定》第十九条，对淘汰类项目禁止投资，在淘汰期限内国家价格主管部门可提高供电价格，对违反规定者，要依法追究直接责任人和有关领导的责任。而在 2019 年 11 月更新后的《产业结构调整指导目录（2019 年本）》中，虚拟货币“挖矿”被从拟淘汰产业中删除。

3. 对 ICO 的监管

ICO 在中国被定性为非法金融活动。任何组织和个人不得从事 ICO 活动。

2017 年 9 月 4 日，中国人民银行等七部委联合发布的《关于防范代币发行融资风险的公告》指出，ICO 本质上是一种未经批准非法公开融资的行为，涉嫌非法发售代币票券、非法发行证券以及非法集资、金融诈骗、传销等违法犯罪活动，同时，禁止各金融机构和第三方支付机构开展与代币发行融资交易相关的业务。此外，由 ICO 衍生出的 STO、IFO[①]、IEO 和 IMO[②] 等均属于非法金融活动，为国家禁止行为。

2018 年 8 月，银保监会等发布《关于防范以“虚拟货币”“区块链”名义进行非法集资的风险提示》，提醒广大群众警惕不法分子以 IFO、IEO 等花样翻新的名目发行代币，或打着共享经济旗号，以 IMO 方式进行虚拟货币炒作。

2018 年 12 月，北京市互联网金融行业协会发布《关于防范以 STO 名义实施违法犯罪活动的风险提示》，要求立即停止 STO 相关活动，涉嫌违法违规的机构和个人将会受到驱离、关闭网站平台及移动 APP、吊销营业执照等严厉惩处。

4. 对数字货币交易平台的监管

中国政府严令禁止数字货币交易平台在中国境内开展相关交易活动。通过租用境外服务器搭建网站，实质面向境内居民开展

---

① IFO（Initial Fork Offering），也称“首次分叉发行”。IFO 是指通过对一种数字货币的代码进行拷贝，然后添加符合新理念的代码，进而在原来数字货币的基础上重新“分叉”出一种新的数字货币，最后“空投”给原数字货币的持有者。这个过程，就称为首次分叉发行。

② IMO（Initial Miner Offering），也称“首次矿机发行”。首次矿机发行是通过发行一种数字货币的专用矿机，通过该矿机“挖矿”来产生新的数字货币来获取收益，IMO 被一些人认为是在发行层面规避监管的一种途径。

活动，仍属于非法行为，将受到相关部门监管。

2017 年 9 月 4 日，中国人民银行等七部委联合发布的《关于防范代币发行融资风险的公告》要求数字货币交易平台立即停止相关交易活动，不得从事法定货币与代币、“虚拟货币”相互之间的兑换业务，不得买卖或作为中央对手方买卖代币或“虚拟货币”，不得为代币或“虚拟货币”提供定价、信息中介等服务。

政府应该封杀本土和国外（虚拟货币）网站，关闭为中国用户提供集中化虚拟货币交易的移动应用，并对提供虚拟货币付费服务的平台进行处罚，对于那些帮助人们向海外汇出资金的服务，地方政府也应调查。

——中国人民银行副行长潘功胜

二、中国香港：法律定位明确，一体化监管

1. 数字货币法律地位

中国香港对数字货币有着明确的定义。2017 年 9 月，香港证监会发布《有关首次代币发行的声明》表示，数字货币通常具有“虚拟商品”的特点，但有的数字货币可能属于《证券及期货条例》所界定的“证券”。

目前，香港证监会对数字货币实行统一监管。2018 年 11 月，香港证监会发布《有关针对数字资产投资组合的管理公司、基金分销商及交易平台营运者的监管框架的声明》表示，无论数字货币是否属于“证券”，均需纳入证监会监管范畴。

2. 对“挖矿”活动的监管

目前，中国香港对于“挖矿”未出台明确监管政策，但对非法“挖矿”实行严厉打击的态度。三大矿机生产商比特大陆、嘉楠科技[①]、亿邦国际曾赴港上市，最终均以失败告终。

2019 年 4 月，香港财经事务及库务局（FSTB）局长刘怡翔在给香港立法会的书面回复中表示，数字货币“挖矿”运营需符合贸易法规的监管要求，非法“挖矿”将面临 50 万美元罚款或五年监禁的责罚。

3. 对 ICO 的监管

中国香港对 ICO 活动实行谨慎监管的态度。相关机构进行 ICO 活动必须在证监会注册或获取牌照，否则将受到法律制裁。此外，监管部门曾多次发布 ICO 风险提示，提醒广大投资者注意

---

① 美国东部时间 2019 年 11 月 21 日，嘉楠科技成功在美国纳斯达克挂牌上市，股票代码“CAN”。

数字货币风险。

2018 年 3 月，香港证监会曾叫停数字货币公司 Black Cell Technology 的 ICO 活动，原因是该公司未获得香港证监会颁发的相关牌照。

在 STO 方面，2019 年 3 月，香港证监会发布《有关证券型代币发行的声明》，表示证券类代币仍属于“证券”，除非获得豁免发行的权利，否则发行时仍需在证监会注册或获得相关牌照。

4. 对数字货币交易平台的监管

根据香港证监会相关要求，数字货币交易平台可申请进入沙盒监管，获得经营牌照。

根据《有关针对数字资产投资组合的管理公司、基金分销商及交易平台营运者的监管框架的声明》，数字交易平台在获得香港证监会牌照的情况下才可实现合法经营且无论交易的数字货币是否属于“证券”，均须满足监管要求。同时，数字货币交易平台仅可以服务于专业投资者，在平台交易的数字货币须为已完成 ICO 至少 12 个月或运营团队已开始产生利润。

第二节　美国：联邦和州分级监管，体系完善

一、数字货币法律地位

美国对数字货币的监管实行联邦和州分级监管，监管政策相对复杂，目前，对于数字货币的属性并无统一定义。

联邦层面，美国证券交易委员会（SEC）、美国金融犯罪执法网络（FinCEN）、美国国税局（IRS）、美国商品期货交易委员会（CFTC）、美国金融消费者保护局（CFBP）等都曾就数字货币的定义、应用以及犯罪预防、消费者权益保护等发布过相关的指引文件。

除了联邦层面的监管，美国各州对数字货币的监管政策各不相同。例如纽约州设置了比特牌照（Bitlicense）作为数字货币监管牌照，同时设立了专门的部门（研究与创新部）负责发放该牌照。

目前，美国对于以比特币为代表的数字货币的定义基本依照 FinCEN 的定义，FinCEN 认为数字货币是一种交换媒介，在某些情况下可以像真实货币一样使用流转，但并不具有真实货币的所有属性。因此在 FinCEN 看来，比特币及其他数字货币是一类特殊的虚拟货币，而运营比特币及其他数字货币交易的平台或支付中介应被视为资金传递者，需要纳入银行保密法、货币服务业联邦法规等的监管范畴。

我不是比特币和其他加密货币的热衷者，加密货币不是货币，而且价值波动很大，也没有实物，是凭空而来的，还不受监管，而这些因素让加密货币可以用于非法行为，包括毒品交易和其他非法活动。

——美国总统特朗普

二、对“挖矿”活动的监管

目前，美国对“挖矿”活动没有统一限制。但由于美国不同州对数字货币的监管政策不同，对“挖矿”活动也有不同的规定。

华盛顿州是世界上“挖矿”活动最活跃的地区之一，2018年10月，华盛顿州埃弗拉塔市下达了12个月的“挖矿”禁令，原因是“挖矿”企业的不节制用电影响了本地居民的生活用电。

2018年3月，美国南卡罗来纳州也曾对两家“挖矿”企业颁布禁令。南卡罗来纳州将数字货币视为证券，相关机构在没有恰当监管的情况下将其出售给当地居民是违法的。

三、对ICO的监管

ICO活动由美国证券交易委员会（SEC）管辖。SEC认为通过ICO产生的数字货币属于证券，发行过程需遵循证券法的规定。比特币不是由ICO产生，因此，比特币不属于证券，不在

SEC 的监管范围。

根据美国《1933 年证券法》，证券必须在美国证券交易委员会注册，因此 ICO 的发行也需在 SEC 进行证券登记注册。虽然满足一定豁免条件的 ICO 活动无须在 SEC 登记注册，但仍需接受 SEC 监管。从 2017 年下半年开始，SEC 联合其他执法部门，加大了对非法 ICO 活动的打击力度。

四、对数字货币交易平台的监管

2018 年 3 月，美国 SEC 发布公开声明，要求交易符合证券定义的数字货币的平台必须在 SEC 注册为国家性证券交易所（National Securities Exchange）或寻求豁免。国家性证券交易所指美国证券交易法定义的证券交易平台，如纽约证券交易所和纳斯达克证券交易所；也包括部分衍生品交易平台，如芝加哥商品交易所。

在获得证券交易法豁免的情况下，交易平台无须注册为国家性交易所，可注册成为“另类交易系统”（Alternative Trading Systems，ATS），并遵守相关另类交易系统规则。

五、税收政策

美国税务局（Internal Revenue Service，IRS）从税收角度出发，将比特币等数字货币认定为财产而非货币，并出台了相应的规定。

目前，IRS 主要根据 2014 年发布的关于数字货币征税的一般性指导进行执法，接收或“挖矿”获得的数字货币须在收到数字货币之日起以公允价值计算其总收入，并以 20% 的税率计算相应税额。

IRS 表示，大量的纳税人没有如实申报数字货币的盈利，在向 Coinbase（美国最大的数字货币交易所）索要交易资料时，被 Coinbase 以保护客户隐私为由拒绝，因此 IRS 决定起诉 Coinbase。

历经一番诉讼波折后，Coinbase 最终败诉。2017 年 11 月 29 日，旧金山联邦法院判定，Coinbase 需要将平台上 2013 年到 2015 年间超过 2 万美金交易额的用户名单提交给 IRS。2018 年 2 月，Coinbase 向大约 13 000 个客户发出了正式通知，这些客户被告知他们的交易数据将根据要求交给美国国税局。

第三节　日本：全球首个为数字货币提供法律保障的国家

一、数字货币法律地位

日本数字货币的监管由金融厅（Financial Services Agency,

FSA）负责。日本是全球第一个为数字货币提供法律保障的国家。

2016年3月，日本内阁通过投票，将比特币等数字货币均视为数字等价货币。

2016年5月，日本内阁签署《资金结算法》修正案，将数字货币纳入法律规制体系之内，承认数字货币是一种合法的支付手段。该法案已于2017年4月1日开始实施。

二、对“挖矿”活动的监管

日本对数字货币采取了积极友好的态度，但并不支持“挖矿”产业发展。

2018年，日本警方加大了对数字货币“挖矿”软件的打击力度，将“挖矿”应用程序标记为“病毒”，对全国各地支持“挖矿”的网络运营商处以相应的罚款，并开展了与“挖矿”相关的违规行为的调查。

三、对ICO的监管

日本对ICO合法化持支持态度，对ICO采取适当监管。

FSA在第八次数字货币交易业研讨会上提出，日本不应该像中国、韩国那样全面禁止 ICO 活动，而应通过修改法律的方式，健全其监管制度。

根据《资金结算法》的要求，数字资产的发行方需要向金融管理局进行“数字资产兑换服务商”的登记，或通过已登记的数字资产兑换商发行。

四、对数字货币交易平台的监管

目前，日本数字货币交易平台需要申请相应的牌照。

《资金结算法》规定在日本设立的数字货币交易平台，需在 FSA 申请登记，持有 FSA 核发的交易牌照后才可以开展数字货币交易服务，该制度同样适用于设立在日本境外的交易平台。也就是说，对日本公民开放的数字货币交易平台均需在 FSA 进行登记。

申请登记的数字货币交易所应当满足三大基本条件：必须为株式会社（股份公司）；资金 1000 万日元以上，无负债；有稳定可靠的开展数字货币兑换业务的系统。

该登记制度所覆盖的业务范围包括：数字资产的买卖或与其他数字货币的兑换，针对此类买卖和兑换的中介和代理服务以及对用户的法币及数字资产管理服务。

此外，根据《资金结算法》要求，数字货币交易平台需遵循 KYC（Know Your Customer）规则，并承担信息安全管理义务、信息披露义务、分离管理用户财产与交易所财产义务、提交业务报告义务与备案义务等。

五、税收政策

日本数字货币交易的最高税率达 55%，为全球相关税率最高的国家。

2018 年 11 月，日本国税厅（National Tax Agency，NTA）发布的《关于数字货币相关税务问题 FAQ》，对日本数字货币交易中的税务相关问题进行了详细解答，并公布了详细的计算细则和计算方法，将数字货币交易获得收入列入个人其他收入，并采用 15%—55% 的税率。

第四节　韩国：严格监管，禁止 ICO

一、数字货币法律地位

目前，韩国对数字货币的态度较为严格。韩国政府认为数字货币只是被用于投机，而不是作为支付工具，数字货币交易不属于金融服务。其中，韩国央行认为比特币等数字货币属于商品；韩国金融监管服务局（Financial Supervisory Service，FSS）认为比特币等数字货币不是“合法”货币。

2016年11月，韩国金融服务委员会（Financial Services Commission，FSC）曾设立数字货币工作组，表示韩国将同美国、日本等国家一起推动全球数字货币系统化。

2017年7月，《韩国外汇交易法案》修订版允许金融科技公司在FSS注册后，在跨境支付中使用比特币，标志比特币跨境转账在韩国正式合法化。

由于韩国民众对比特币等数字货币的过度狂热，导致了一些黑色交易的产生。韩国政府对数字货币的态度由积极友好转向了全面干预，要求数字货币交易必须实名制，外国投资者和未成年人不得进行数字货币交易。

2017年，韩国总理李洛渊在内阁会议中发表演讲时表示，比特币等数字货币的发展可能导致年轻人陷入非法活动。同时，就比特币引发的欺诈和庞氏骗局发出警告，呼吁监管部门、司法部等机构进一步监管数字货币市场，保护青少年免受影响。

2019年3月，韩国最高检察官办公室（Supreme Prosecutors’

Office，SPO）成立了特别工作组，专门负责打击与数字货币有关的欺诈、非法洗钱等违法活动。

二、对 ICO 的监管

韩国政府将 ICO 视为非法行为，认为通过发行数字货币筹集资金类似于“赌博”。2017 年 9 月，FSC 宣布，将禁止通过各种形式的数字货币进行资金筹集，并表示数字货币交易需要受到严格的控制和监视。但韩国并未实施具体规则，也没有强制公司进行 ICO 清退，国内投资者仍可参与国外 ICO。

三、对数字货币交易平台的监管

韩国政府对数字货币交易平台实施牌照制管理，有明确的监管框架，严厉打击欺诈性交易所。

2017 年 9 月，韩国科技与通信部联合韩国通信委员会曾对交易平台在内的数字货币服务供应商进行网络安全及合规检查。2018 年 1 月，韩国 25 家数字货币交易平台参与数字货币自律倡议，进行了自我审查。

同时，韩国政府禁止金融机构买卖、持有数字货币，且不能以抵押品的形式持有。

四、税收政策

目前，韩国仅对数字货币交易平台征收税费，包括22%的企业所得税和2.2%的地方所得税。此外，韩国国税厅（National Tax Service，NTS）表示已经同韩国企划和财政部讨论过对比特币等数字货币收取增值税、资本利得税、赠予税等税费。

第五节　英国：谨慎监管，持开放态度

一、数字货币法律地位

英国对数字货币采取积极监管的态度，将比特币等数字货币视为私有货币（Private Currency）。英国政府成立了由财政部、英格兰银行和金融行为监管局（Financial Conduct Authority，FCA）等组成的数字货币工作组，对数字货币加强风险管控。

2018年6月，FCA提醒银行处理数字货币相关业务可能面临的风险，呼吁英国银行应加大对客户的审查力度，降低金融犯罪风险。

二、对 ICO 的监管

英国曾发布 ICO 风险提示，但目前并没有明确态度表明对 ICO 进行支持还是封禁，尚未出台监管办法。

根据 2017 年 9 月 FCA 发布的 ICO 风险提示，ICO 存在不受监管、无投资保障、价格波动大、存在欺诈风险、信息披露不足等多项风险，参与 ICO 的企业应考虑其行为是否合法，投资者需注意其行为是否受法律保护。

三、对数字货币交易平台的监管

目前，英国的数字货币交易平台可申请进入沙盒监管。英国政府对数字货币交易平台持开放态度，如果交易平台进行币币交易，则不受监管，一旦涉及法币或衍生品工具，则需要接受 FCA 监管，并满足反洗钱法规定。

2018 年 3 月，Coinbase 获得 FCA 颁发的电子货币许可证（e-money license），允许其在当地发行电子货币并提供支付服务。

四、税收政策

根据英国税务及海关总署（Her Majesty's Revenue and Customs，简称 HMRC）的《比特币及其他币种的征税指南》，涉及数字货币的收入需要根据具体情况缴纳企业所得税、资本利得税等。

第六节 俄罗斯：监管态度多次变化，“挖矿”合法化

一、数字货币法律地位

俄罗斯政府对比特币等数字货币的态度经历了多次变化。目前，俄罗斯政府对数字货币的态度比较明确，认为数字货币不是法定货币，不能用于支付商品、服务，只能通过被授权的数字货币交易平台进行交易。

根据 2018 年俄罗斯财政部出台的《数字资产联邦监管法》（草案），数字金融资产是使用加密方式创建的电子形式财产，表现形式为加密货币和代币两种。其中，加密货币是依据数字交易登记管理机构的规则，由参与者在数字交易的分布式注册表中创建和记账的一种数字金融资产类型。

二、对“挖矿”活动的监管

“挖矿”在俄罗斯属于合法的、受保护的活动。《数字资产联邦监管法》（草案）将“挖矿”定义为一种旨在获取数字货币并以其作为代偿的创业活动。

2017 年 9 月，俄罗斯列宁格勒州出台了相关政策鼓励比特币挖矿行为，向矿场提供核电等低价电力，同时还积极鼓励在该地区建立矿池。

三、对 ICO 的监管

俄罗斯拟将 IPO 监管规则应用于 ICO，并表示 ICO 活动不会因监管而消亡。

《数字资产联邦监管法》（草案）发布当日，俄罗斯总统普京下发一条总统令，其中强调 ICO 应借鉴证券的发行条例。

四、对数字货币交易平台的监管

俄罗斯数字货币交易所运营需符合联邦相关法律要求，交易类型需满足《证券市场法》或《组织交易法》。

根据《数字资产联邦监管法》（草案），数字金融资产交易平台是依据俄罗斯联邦法律设立的、实现数字交易的法人实体。

2017 年 9 月，俄罗斯中央银行正式批准了国内第一家数字货币交易平台 Voskhod。

五、税收政策

目前，俄罗斯并没有针对数字货币税收的明确监管框架。

2018 年 5 月，俄罗斯财政部发布相关文件，指出俄罗斯公民应对数字货币申报资本利得税，税率为 13%。

第七节　新加坡：分类监管，立法明确

一、数字货币法律地位

在新加坡，数字货币属于新加坡金融管理局（Monetary Authority of Singapore，MAS）的管辖范围。目前，MAS 对数字货币实施沙盒监管模式，监管环境较为宽松。但新加坡政府认为比特币等数字货币不是法定货币，企业在使用比特币等数字货币进行支付前必须接受必要的调查。

2017 年 11 月，MAS 发布《数字通证发行指南》（*A Guide to Digital Token Offerings*），将数字货币划分为证券类和实用类。2018 年 11 月，MAS 根据市场发展情况，推出了更新版《数字通证发行指南》，扩大了原有的定义范围，新增支付类数字货币。

MAS 并没有明确指出证券类数字货币的概念，《数字通证发行指南》要求，如果数字货币属于《证券及期货法》（*SFA*）中定义的“资本市场产品”，此类数字货币的发售或发行可能会受到 MAS 的监管。MAS 根据数字货币的结构与特征，包括数字货币附加的权力，确定数字货币是否属于“资本市场产品”中的一种类型。

“资本市场产品”指任何证券、期货合同、用于外汇交易的合同或协议、用于杠杆式外汇交易的合同或协议，以及其他 MAS 认为可能属于资本市场产品的其他产品。

对于支付类数字货币，根据更新版《数字通证发行指南》的相关案例解释说明，如果数字货币已经成为或计划成为交换媒介，用以购买货物、服务或偿还债务，则该数字货币应受到《支付服务法案》的约束，属于支付类数字货币。2019 年 1 月，新加坡国会正式通过《支付服务法案》，将支付类数字货币定义为任何关于价值的数字表达。

根据 MAS 定义，如果数字货币不属于证券类或支付类，则为实用类数字货币。

二、对 ICO 的监管

MAS 对不同类型的数字货币发行采取分类监管。发行证券类数字货币，发行人必须符合《证券及期货法》（*SFA*）规定，需要按要求编制招股说明书，并在 MAS 进行登记，除非其符合豁免的情况。否则，ICO 项目将被叫停。为减轻负担，初创企业可通过 STO 豁免发行。

对于支付类数字货币，MAS 将其纳入了《支付服务法案》的监管范围。支付类数字货币的发行方必须依据《支付服务法案》要求申请牌照。

实用类数字货币虽不受 MAS 监管，但发行时需满足关于反洗钱、反恐怖主义融资的规定。

三、对数字货币交易平台的监管

数字货币交易平台进行证券类数字货币交易，需要获得 MAS 颁发的交易所或交易市场运营商牌照，除非得到豁免。

数字货币交易平台进行支付类数字货币交易，必须遵循《支付服务法案》监管要求，取得支付牌照。根据《支付服务法案》，支付牌照分为三类：货币兑换牌照、标准支付机构牌照以及大型支付机构牌照。

四、税收政策

2014 年，新加坡税务局（Inland Revenue Authority of Singapore,

IRAS）发布《加密货币指南》（*IRS Virtual Currency Guidance*），制定了数字货币税收制度。

在新加坡注册登记的企业使用比特币等数字货币买卖商品、服务时，需要缴纳商品增值税，税率为 7%。除此之外，企业通过数字货币交易获得的利润还需额外缴纳所得税，税率为 17%。但以上情况仅针对短期使用数字货币进行交易的企业，如果长期投资数字货币，所得收益将被视作资产，由于新加坡目前尚未开征资产税，因此企业无须纳税。

对于个人，购买和销售数字货币应被视为个人投资，购买或出售产生的任何利润（损失）都属于资本性质，无须纳税。但是，如果数字货币是作为报酬或收入得到的，那么将被征收 22% 的个人所得税。

第八节　瑞士：态度友好，监管类别明确

一、数字货币法律地位

瑞士是对数字货币相对友好的国家，瑞士金融市场监督管理局（Swiss Financial Markets Supervisory Authority，简称 FINMA）为数字货币的监管主体。

FINMA 在《ICO 指引》和《瑞士分布式账本技术及区块链的法律框架》中，根据数字货币的功能不同，将数字货币划分为支付型代币、资产型代币、实用型代币和混合型代币。

支付型代币是指为获得商品或服务，被用来作为金钱或价值转移的支付手段，主要用于支付，不属于证券。

资产型代币是一种资产凭证，属于证券。资产类代币在经济功能上类似于股票、债券等，通常表现为代币持有人可以向发行人索要股权或债务。资产型代币必须遵循《证券交易所与证券交易法》《金融市场基础设施和证券衍生品交易市场行为法》《金融服务法》等法律的监管。

实用型代币是以数字化的形式，以区块链技术为基础架构开发的应用或服务。实用类代币在一些场景下可能被用作该区块链系统中的支付手段，此时它也具有支付型代币的性质，必须符合支付型代币的监管要求。此外，如果代币的发行是为了通过融资来进行平台开发，且在平台上线前无法提供服务，该类代币属于资产型代币，而非实用型代币。

混合型代币是指同时具备以上两种或两种以上代币特征的代币。

二、对 ICO 的监管

根据发行代币的类型不同，瑞士对不同类型的 ICO 项目采取不同的监管方式。

发行支付型代币需满足《反洗钱法》的约束。发行资产型代币必须遵循《证券交易所与证券交易法》、《金融市场基础设施和证券衍生品交易市场行为法》以及《金融服务法》等法律的监管要求。

三、对数字货币交易平台的监管

瑞士对不同类型的交易平台同样采取了不同的监管模式。

对于符合 FINMA 定义的“证券”类数字货币交易平台，属于金融市场基础设施，开展相关交易需得到 FINMA 授权。非“证券”类数字货币交易平台，则无须获得 FINMA 授权，但仍需满足反洗钱要求，进行合规化运营。

四、税收政策

目前，瑞士制定了完善的加密货币税收政策，主要缴纳财产税和所得税。

大部分地区的数字货币需征收财产税，但不同地区存在一定差异，税率为千分之二到千分之三之间。对于所得税，数字货币持有和交易无须缴纳所得税，但“挖矿”所得和作为工资奖金支付所得的数字货币需缴纳所得税。

第九节　马耳他：积极拥抱，政策宽松

一、数字货币法律地位

马耳他被誉为“区块链岛国”，在数字货币领域形成了完善的监管框架。

2018 年 7 月，马耳他通过了《马耳他数字创新管理局法案》（*Malta Digital Innovation Authority Bill*，简称 *MDIA* 法案）、《创新技术处理和服务法案》（*Innovative Technology Arrangement and Services Act*，简称 *ITAS* 法案）和《虚拟金融资产法案》（*Virtual Financial Assets Bill*，简称 *VFA* 法案），成为世界第一个将数字货币、区块链和分布式账本技术（DLT）监管上升到国家法律层面的国家。

马耳他将数字货币统称为“虚拟金融资产”（Virtual Financial Assets），指用作价值交换媒介、账户单位或价值存储的一切数字

资产，可上市流通，但需要符合 *VFA* 法案监管要求。

二、对 ICO 的监管

在马耳他，ICO 属于合法化行为。*VFA* 法案对 ICO 活动的发行主体、发行程序与资料提交等都做出了明确规定。

根据 *VFA* 法案，发行主体必须发布符合要求的白皮书，并在马耳他金融服务局（MFSA）备案。其中，白皮书需要发行主体的全体董事签字，同时需要中介机构对内容进行背书，中介机构包括发行代理人、资产托管方、审计机构等。同时，发行主体还需向 MFSA 申请金融工具测试，判断发行的数字货币是否符合 *VFA* 法案范畴。

三、对数字货币交易平台的监管

由于数字货币监管环境宽松，马耳他成了各大交易平台的青睐之地。币安和 OKEx 这两大数字货币交易平台均将运营中心迁到了马耳他。

根据法案要求，数字货币交易平台需要从 MFSA 获取经营牌照，获取牌照后，交易平台需要定期向 MFSA 提交审计报告。同时，MFSA 有权根据交易平台经营情况随时收回牌照。

四、税收政策

马耳他被称为“避税天堂”，对数字货币也实行优惠的税收政策。根据马耳他监管部门要求，岛上的国际公司仅需缴纳 5% 的税费。

第九章　常见的区块链及数字货币骗局

时髦的区块链概念，在一些人手中成为敛财的旗号。由于普通投资者缺乏对区块链及数字货币的基本认识与了解，部分数字货币，特别是不具备任何价值的“山寨币”被不法分子利用，打着金融创新的名义，吸引不少盲目群众“投资”，制造出一个又一个数字货币骗局，让一些对区块链不甚了解的投资人深陷数字货币骗局的深渊绝境里。

与此同时，数字货币传销突破了传统地域空间的限制，加上有正规公司门面做掩护，可以大规模对公司进行宣传，传播速度惊人。因此，投资者需要擦亮双眼，炼出一双可以看清数字货币诈骗的“火眼金睛”，并且学会抵制诱惑，保障自己的财产安全。本章详尽清晰地列举了数字货币诈骗的几种常见类型及防骗指南。

第一节　虚假钱包和虚假交易所

一部分骗子会伪装成虚假项目或以资金盘面目出现，例如虚假的加密货币钱包项目或交易所。通常用户在平台注册后，这些虚假的项目会正常运行一段时间以使用户放松警惕，并赢得他们的信任。当用户将加密货币或资金存入账户后，资金也就随着骗子的消失而消失了。

诈骗案例——虚假数字货币交易平台欲转战国外被端

2018 年 10 月 28 日，浙江省金华市金东区的黄某接到自称某证券公司的客服打来的电话，推荐黄某加入散户交流微信群即可解决资金被套问题。后黄某加入了名为“东方华尔街培训实战群”的微信群。经交流，黄某学到了不少选股方法。

之后当黄某加入某直播间免费试听相关课程时，直播间老师向大家推出了区块链的概念，并对“AKOEX”数字货币交易平台进行了详细的介绍并指导学员进行交易。一开始黄某还持观望态度，但当他看到直播间老师每指导一个方案，群里都会有不同用户站出来宣扬自己的盈利情况，这使得黄某在心动之下将股市中的 36 万元资金转出，随后转入“AKOEX”平台。

2018 年 12 月 7 日，根据平台老师指导，黄某投入少部分资金在“AKOEX”平台购买虚拟货币“PCE 币”并获得了不错的收益，随后，黄某在“AKOEX”平台的投资越来越多。然而 2018 年 12 月 25 日凌晨 2 时，黄某购买的“PCE 币”在短短两分钟内，单价从 5 元多跌到不足 0.4 元，暴跌 94%，36 万本金只剩 1 万多，黄某立刻联系指导老师，却发现已联系不上，随即黄某向金华市公安局金东分局多湖派出所报案。

金东公安分局接警后立即启动重特大案件初侦机制。网警大队民警通过对涉案平台服务器数据分析，判断该起案件为一种新型的网络诈骗案。通过多警种联合侦查，一起精心策划，借助区块链技术概念，诱骗受害人购买虚假数字货币的新型网络诈骗案逐渐浮出水面。

警方侦查后发现，在“AKOEX”平台上买卖的名为“PCE”的数字货币，只是虚构的“山寨币”，并未在任何区块链上发行。投资者在平台上真金白银交易的数字货币，其实是幕后操纵者在后台数据库随意添加的一串数字。投资者投入的资金其实早已被幕后操纵者收入囊中。

通过案件串并，警方发现杭州、宁波、舟山、东阳、永康等地均发生过类似案件，共 20 余起，涉案金额 300 余万元，其中仅舟山一位受害人就被骗 106 万。

2019 年 1 月下旬，金华警方前往西安、武汉、广州、江西、内蒙古等地，在当地警方的配合下分头开展抓捕行动。一举抓获以杨某龙、王某乐、梁某为首的犯罪团伙 60 余人，扣押奔驰、保时捷、路虎等多辆豪车。3 月 8 日，金华市公安局金东分局专案组民警再次赴西安，抓获此案下线团伙 70 人。

经警方查实，该团伙头目为杨某龙、王某乐、梁某三人。他们之前都在另一个诈骗平台（另案处理）工作。2018 年 10 月，另起炉灶的杨某龙和王某乐找到了梁某。梁某，1994 年出生，经营一家软件公司。梁某的公司负责研发用于诈骗的数字货币交易平台。为赢得受害人信任，梁某还精心制作宣传网站并在上面附有详细的产品“白皮书”，并精心包装了手机 APP。

该团伙下辖多个团队，梁某为首的“老师”团队负责给投资者讲课，帮助投资者分析股票，指点投资者进行虚拟货币交易。警方在抓获梁某时，发现他随身携带一本“洗脑术”。以涂某春、刘某强、张某玉等人为首的 7 个业务团伙则负责拉人入群。这些团伙分处西安、广州等地，各自为政，他们租用写字楼，招兵买马，营造企业文化。员工至少人手三个手机，他们以各种“证券公司”“投资公司”名义给投资者打电话，邀请投资者进微信群，听老师讲课，煽动投资者购买虚拟货币。还有王某辉为首的“技术”团队，他们操纵“PCE”虚拟货币平台交易，负责画出虚假交易 K 线图，并在 2018 年 12 月 25 日制造暴跌试图结束骗局。

防骗指南

√ 我国政府明确禁止 ICO 等数字货币非法交易行为，个人投资数字货币行为风险自担。

√ 投资者应理性对待数字货币的高收益，不能盲目跟风投资。

√ 谨慎对待个人钱包提供者、刚建立的交易所、APP 和浏览器扩展应用等。

√ 遇到类似以数字货币为名义的诈骗行为，应及时与公安机关联系，严厉打击此类违法犯罪行为。

第二节 虚假 ICO

诈骗案例——虚假代投后携款跑路

2018 年 3 月 14 日，微信公众号“币沙龙”爆料称，在 OKEX 平台上线的 Refereum（RFR）项目中，带头人涉嫌“虚假代投”并“将投资者的资产变现和转移”，然后“筹措渠道试图跑路”。

据“币沙龙”描述，经过投资者和众人层层排查，发现隐藏在 RFR 项目背后的多个项目均为虚假代投。几位带头人涉嫌将募集而来的 ETH（以太币）充值到交易所进行变现。“几位相关的带头人在实施联合诈骗后，开始推卸责任或直接跑路。”根据知情人士透露，这起代投跑路案件涉及的项目以及涉及的 ETH 数量，总量大约在 1.5 万个 ETH 左右。

这起案件中共有三位主角，网名分别为“李诗琴”“夜色”和“筑梦”。据微信公众号“北洋币君”爆料，“李诗琴”，是一位 90 后女生，曾做过 3M 邮币卡（3M，也成为 MMM 互助金融，被爆是一位俄罗斯人发明的庞氏骗局），后转至币圈做代投项目，是这起案件最终跑路失联的关键角色。“筑梦”，同为 90 后，曾与“李诗琴”合作过邮币卡项目，是这起案件的中间牵线人。而“夜色”，此前一直做一手代投以赚取代投费，与基金公司有过对接经验。前期，“李诗琴”以“直接对接国外渠道，高帕点、高比例”为饵，吸引“筑梦”为其牵线“夜色”。据“北洋币君”文中所述，一开始，“李诗琴”为骗取信任，先发布了一个基石项目，“承诺可以投上，并且比例不低”。为此，“夜色”出于信任给“李诗琴”转账 145 个 ETH，以投资基石项目。三人凑局后，一条缩略版灰色代投产业链由此诞生。

“夜色”原本想等到基石项目发币后测试渠道是否靠谱再考虑进一步合作。但当市场上逐渐涌现越来越多的 ICO 项目，同时“夜色”下属代投和散户过于庞大，并且在“李诗琴”以高比例高返点进一步利诱的情况下，“夜色”出于“急功近利”的心态，还未等到基石项目发币，便通过“李诗琴”又投入了大量资金。基石项目后如期上线“比特儿”交易所（一家虚拟货币交易所），但“李诗琴”所在的基金公司迟迟没有发币。据当时“李诗琴”给出的解释，称“国外渠道正在计算比例”，并找出各种理由拖延时间。

“李诗琴”诈骗团伙在拖延的时间里，很可能拿其他项目收到的 ETH，去“比特儿”买入大量的基石，以进一步博取“夜色”信任。在将 ETH 转移并变现之后，“李诗琴”随后拉黑“筑梦”和“夜色”携款跑路。而投资人在迟迟未见发币，并发现自己被拉黑了之后，才明白这是一场彻头彻尾的骗局。

值得注意的是，一些投资人在排查各个渠道系统的钱包地址后发现，“李诗琴”团伙疑似将 ETH 分散到多个钱包，并在币安交易。然而，这条灰色产业链上的主角，也即投资人之一——“夜色”却在此时表示不认识“李诗琴”。

大多投资人对此存疑，他们认为，“夜色”并不能排除在这起案件中的诈骗嫌疑。经过不断探访网上披露出来的以太坊地址，最后大家有了惊人的发现：“李诗琴”很可能是代投捏造出来的人物。而以“夜色”为首的代投才是真正的幕后操纵者。

在继续追踪“夜色”的四个交易地址后，有人发现“夜色”在收到币后，将币转到几个小号中，流转三次后最后又回到了“夜色”自己的地址，而随后“夜色”又直接在交易所进行套现。

防骗指南

√ 我国政府明确禁止 ICO 等数字货币非法交易行为，个人投资数字货币行为风险自担。

√ 投资者需理解 ICO 风险所在，提高警觉。

√ 不轻易被他人抛出的高收益吸引，更不能轻易将资产交由他人处理。

√ 如有预感遭遇诈骗，请及时与公安机关联系，严厉打击此类违法犯罪行为。

第三节　庞氏骗局

庞氏骗局是一种投资骗局，利用后来投资者的资金回报之前的投资者，当不再有新的投资者进入时，这个金字塔就倒塌了。在庞氏骗局中，用户往往会被“低投资、高回报”的承诺诱惑。

2017 年江苏省发布的《互联网传销识别指南》中新增了数字货币传销部分，其中点名了包括珍宝币、百川币、SMI、MBI、马克币在内的 26 种数字货币项目。这些数字货币采取传销的方式进行推广，也就是俗称的拉人头，会员通过发展下线可以获得奖金和提成。

诈骗案例——“普银币”骗局：以区块链为幌子，行非法集资之实

2018 年 5 月 23 日，深圳南山警方召开新闻通气会，通报了一起以发行虚拟货币为名、行诈骗之实的集资诈骗案。涉案虚拟货币为“普银币”，由深圳普银区块链集团有限公司（下称“普银公司”）通过其官网和收购的“趣钱网”P2P 平台发行。据警方通报，“普银币”受害者超 3000 人，涉案金额约 3.07 亿元，最高单个损失约 300 万元。6 名犯罪嫌疑人已被抓获，警方目前正在追缉其他犯罪嫌疑人，追缴赃款。

普银官网将公司定义为一家区块链公司，自称是国内首批集理论、技术、市场开拓三位于一体的区块链产业推广机构。其核心业务产品为普银——以商品组合的本位制数字货币。简单来说，“普银币”并不是纯虚拟的数字货币，而是具有资产绑定的数字货币，1 枚“普银币”对应价值 1 元人民币的普洱茶。普银公司发售的“普银币”相对应会有对等普洱茶作为商品，随时等待消费者提取。

南山警方介绍，普银在未取得国家行政部门颁发的金融许可证的情况下，通过互联网、微信等媒体对外宣传其拥有一大批普洱茶（现已被查封）。同时，还聘请了一家无鉴定资质的公司对该批茶的一小部分样品茶进行了“参考评估”，对外称该批普洱茶价值 10 亿元。通过资产数字化，创立了“普洱币”（后更名为

“普银币”)。

诈骗团伙先将“普银币”的价格从0.5元拉升至10元，同时在发布会上承诺将投资人持有的“普银币”通过两次拆分（一拆十），使投资人持有的“普银币”扩大100倍。等大量投资人经不住利益的诱惑纷纷进场时，普银公司通过恶意操纵普银币价格走势，不断套现，导致投资人手中的“普银币”毫无价值，最后投资人共损失约3.07亿元人民币。

骗局大拆解：“普银币”的区块链概念是一个伪需求

普银公司为了吸引客户参与交易，利用投资拉动币价，吸引更多人入场从而大笔套现；在“普银币”价格上升后，又宣称投入更多普洱茶，拉低“普银币”价格。本质上来说，这个骗局玩的就是击鼓传花。新颖的地方就在于，它引入了一个区块链概念，借助区块链“无须信任”“去中心化”的名号，让更多的人更容易入局。

实质上，虽然借了区块链噱头，但实际上普洱茶价格是被控制的，数量也是虚无缥缈的。项目方本身既当裁判员又当运动员，是高度中心化的，没有人可以监管它是否有暗箱操作。

“普银币”本身并没有很强的自运行系统。发行代币、加入去中心化、不可篡改的数据库，对项目方来说，除了可以提前吸取大量资金，并没有业务上的实际促进功能。可以说，“普银币”

的逻辑跟区块链结合本来就是伪需求。

其实像普银公司这样的操作手法在 ICO 市场中很常见。

虚拟货币存在着“庞氏骗局”的风险，并存在巨大泡沫，一旦泡沫破灭，它们都会回归其原本价值——零。从本质上说，虚拟货币炒作的重头就在于让散户接盘。借着区块链等精美包装，进入金融市场，散户不明就里往里面大量砸钱，而站在金字塔顶端的人则成了巨富。

防骗指南

√ 当一个项目的组织者声称“肯定不会亏”，或使用以下话术催促你：“越快投钱越好，否则就晚了！”此时应当谨慎投资！

√ 警惕那些催促你拉人头以获取更大收益的区块链项目。

√ 别相信那些过于诱人而不能成真的收益承诺。

第四节　恶意软件

恶意软件一般有两种形式。

最常见的一种是当用户在计算机或者移动设备上安装软件

时，很多用户会直接授予权限，从而泄露自己的私钥或者资金，这类诈骗长期以来是网络诈骗者的利器，用恶意软件获取你的钱包然后转移你的账户余额，监控 Windows 的剪切板获得账户密码，并将真实地址和骗子制作的虚假地址进行互换。

恶意挖矿软件是第二种形式。因为挖矿的过程需要高质量且昂贵的电脑配件，所以有些人提供挖矿设备租赁。有一些合法的云挖矿服务可以让用户租用服务器来挖取加密货币。一些恶意软件或程序会秘密地盗用被感染计算机的资源来进行挖矿，从而有效地创造出一个去中心化的挖矿网络。也有许多恶意网站和软件，它们会承诺在某个地方建立一个巨大的采矿平台，并且还会为你提供一些采矿的奖励，但一旦资金积累足够，它们可能会在一夜之间消失。

诈骗案例——“云挖矿”Hash Ocean 诈骗 350 万美元的 BTC

Hash Ocean，这家创立于 2014 年的云挖矿公司，声称其在全球拥有 6 个矿场，并自称其业务运营是非常透明的，并且还是全球最大的云挖矿服务商。然而，在 2018 年 3 月，该公司的网站突然下线，并且一直未恢复运营。

Hash Ocean 团队回应称遭遇了黑客攻击，导致业务必须终止，但承诺会将约 350 万美元的剩余资产返还给客户。

然而，大多数客户至今仍没有收到退款。

防骗指南

√ 在注册任何服务之前做好研究，并尝试找到以下问题的答案：是否能找到创始人及团队的合法信息？这个公司存在了多久？他们的算力有多大？他们提供的存入和提现方式是什么？

√ 应优先考虑查看一些透明和公开的信息。比如查阅该公司的照片、博客、产品和员工的视频。阅读你可以信赖的用户的反馈。

√ 定期更新杀毒软件。

√ 如果不能 100% 确定软件来自合法的提供商，那么在任何情况下都不要下载和安装那个程序。

√ 不要打开可疑附件。

第五节　网络钓鱼

常见的网络钓鱼方法是非常简单的。诈骗者向用户发送来自所谓的加密货币交易所或钱包官方的电子邮件，该邮件中放置了虚假地址的链接。其主要目的是强制让用户跳转到虚假页面并输入个人信息（用户名、密码、私钥等）。这些机密信息使得诈骗者可以代表真实用户访问真正的网站，并转走他们的加密货币。

诈骗案例——国际 XRP 网络钓鱼骗局

两名诈骗者从日韩两国的“数十名受害者”手中偷走了价值超过 80 万美元的 XRP。

诈骗者通过冒充真实交易所的电子邮件账户向用户发送电子邮件，声称他们的资金已被冻结。用户在恐慌中点击电子邮件中的链接，输入他们的账户信息。随后攻击者记录用户的登录信息，然后利用这些信息登录到真正的加密交易网站，并窃取用户的资金。

韩国当地媒体报道称，诈骗者将被盗的 XRP 转换成韩元，然后他开始疯狂消费，利用不义之财消费豪华酒店五星级住宿以及其他高端物品和服务。虽然诈骗者已被捕，但他声称资金全部挥霍一空，因此无法归还。

由于特殊的犯罪性质，韩国警方无法合法冻结或没收诈骗者的其他资产，这是由于根据韩国法律，加密货币不被视为法定货币，因此该骗局的受害者不太可能得到赔偿。最终在韩国的执法当局介入后，在造成更大规模损失之前骗局已被停止。

防骗指南

√ 仔细检查所有陌生的链接。请勿点击来自邮件或消息中的链接，而是在浏览器的地址栏中手动输入所需网站的地址。

√ 永远不要向别人透露你的私钥。

√ 使用具有针对网络钓鱼的特殊保护的防病毒软件。

图书在版编目（CIP）数据

数字货币极简读本：理想与现实之间 / 零壹财经 · 零壹智库著 . —北京：东方出版社，2020.6
ISBN 978-7-5207-1498-3

Ⅰ . ①数… Ⅱ . ①零… Ⅲ . ①电子商务—电子支付—支付方式
Ⅳ . ① F713.361.3

中国版本图书馆 CIP 数据核字（2020）第 047077 号

数字货币极简读本：理想与现实之间
（SHUZI HUOBI JIJIAN DUBEN: LIXIANG YU XIANSHI ZHIJIAN）

作　　者：零壹财经 · 零壹智库
策 划 人：许剑秋
责任编辑：陈丽娜　许正阳
出　　版：东方出版社
发　　行：人民东方出版传媒有限公司
地　　址：北京市朝阳区西坝河北里 51 号
邮　　编：100028
印　　刷：北京市大兴县新魏印刷厂
版　　次：2020 年 6 月第 1 版
印　　次：2020 年 6 月第 1 次印刷
印　　数：1—8000 册
开　　本：880 毫米 ×1230 毫米　1/32
印　　张：7.875
字　　数：127 千字
书　　号：ISBN 978-7-5207-1498-3
定　　价：68.00 元
发行电话：（010）85924663　85924644　85924641